Craft Brew

La edición original de esta obra ha sido publicada
en el Reino Unido en 2016 por Frances Lincoln Limited,
sello editorial de Quarto Publishing Group, con el título

*Craft Brew. 50 Homebrew Recipes from
the World's Best Craft Breweries*

Traducción del inglés
Joan Villar-i-Martí

Coordinación del contenido español
Pablo Vijande

Otros créditos fotográficos: p. 59 © Randy Duchaine/Alamy Stock
Photo; pp. 86/87 © Two Birds Brewing; pp. 100-101 © Gigantic
Brewing Company; pp. 108-109 © Mikkeler; pp. 118-119 © Brewdog;
p. 131 © Gustav Karlsson Frost; p. 143 © Beavertown; pp. 180-181,
183, 189, 194 © Dani Cerve TV; p. 184 © Bidassoa Basque Brewery;
p. 187 © Cervesa Guineu; p. 188 © Dougall's; p. 190 © Family Beer
Diseño: Ashleigh Bowring

Impreso en China
Código IBIC: WBXD2

ISBN 978-84-16407-18-7

EUAN FERGUSON

Craft Brew

Las recetas de tus cervezas favoritas

5 tintas

Contenidos

—

10

Introducción

16

Equipo

26

Ingredientes

34

Elaborar tu
propia cerveza

50

Cómo seguir
estas recetas

54

Wheat, Saison
y Sour

78

Red, Amber
y Rye

96

Pale Ale, IPA
y Lager

138

Stout, Porter
y Black

160

Brown, Belgian,
Bitter y Strong

178

España

196

Glosario

200

Índice

Cerveceras

INGLATERRA

The Kernel Brewery
EXPORT INDIA PORTER 157

Camden Town Brewery
INDIA HELLS LAGER 113

Beavertown Brewery
SMOG ROCKET 142

Brew by Numbers
01|01 CITRA SAISON 67

Weird Beard Brew Co
BORING BROWN BEER 167

Thornbridge Brewery
KIPLING 104

Dark Star Brewing Company
ESPRESSO 140

Siren Craft Brew
UNDERCURRENT 123

*Burning Sky Artisan Brewers
and Blenders*
SAISON À LA PROVISION 68

Marble Brewery
MANCHESTER BITTER 173

ESCOCIA

Brewdog
PUNK IPA 120

Williams Bros Brewing Co
80/- 176

IRLANDA

Brú
RUA 90

Trouble Brewing
HIDDEN AGENDA 129

GALES

The Celt Experience
SILURES 126

EE.UU.

Brooklyn Brewery
SORACHI ACE 60

Bruery Terreux
BERET 57

Anchor Brewing
ANCHOR STEAM 81

Saint Arnold Brewing Compay
BLUE ICON 82

Stillwater Artisanal
OF LOVE & REGRET 170

Evil Twin
BIKINI BEER 98

Gigantic Brewing Co
GINORMOUS 100

Lagunitas Brewing Company
LITTLE SUMPIN' SUMPIN'............ 70

Boneyard Beer
NOTORIOUS 107

Firestone Walker Brewing Company
UNION JACK 114

Oskar Blues Brewery
DALE'S PALE ALE 125

Russian River Brewing Company
RON MEXICO 116

Deschutes Brewery
BLACK BUTTE PORTER 151

Ninkasi Brewing Company
OATIS 152

Odell Brewing Company
CUTTHROAT PORTER 149

Rogue Ales
HAZELNUT BROWN NECTAR 174

Crooked Stave Artisan Beer Project
ORIGINS 77

DINAMARCA

Mikkeller
CREAM ALE 108

To Øl
BLACK BALL PORTER 158

NORUEGA

Nøgne Ø
#100 162

Lervig Aktiebryggerie
RYE IPA 93

SUECIA

Omnipollo
4:21 RASPBERRY
SMOOTHIE IPA 132

ITALIA

Baladin
OPEN WHITE 74

Brewfist
CATERPILLAR 85

Birrificio del Ducato
WINTERLUDE 168

ESTONIA

Põhjala
ODENSHOLM 154

ALEMANIA

Freigeist
KÖPENICKIADE 73

PAÍSES BAJOS

Brouwerij De Molen
SPANNING & SENSATIE 146

AUSTRALIA

Mountain Goat Beer
HIGHTAIL ALE 95

Young Henrys
NATURAL LAGER 136

Two Birds Brewing
SUNSET ALE 86

NUEVA ZELANDA

8 Wired Brewing
SAISON SAUVIN 63

Three Boys Brewery
WHEAT 64

Yeastie Boys
DIGITAL IPA 134

Renaissance Brewing
STONECUTTER 165

ESPAÑA

+ Malta
AMERICAN PALE ALE 180

Bidassoa Basque Brewery
AMERICAN IPA 185

Cervesa Guineu
WHITE IPA 186

Cervesera Birrart
MOSKA DE GIRONA ROSSA 188

Dougall's
SESSION STOUT 191

Family Beer
AMERICAN PALE ALE 193

Naparbier
AMERICAN AMBER ALE 195

Introducción

—

¿Para qué quieres elaborar tu propia cerveza? A fin de cuentas, los bares están llenos de cervezas; los estantes de las tiendas crujen con el peso de todas esas maravillosas botellas de Stout, Pale Ale y Lager. ¿De verdad puedes hacerlas mejor que un profesional? La respuesta es que quizá sí, aunque puede que no; pero realmente da lo mismo. Elaborar tu propia cerveza es divertido, satisfactorio y creativo.

Las cualidades revitalizantes del grano fermentado son conocidas al menos desde el año 9000 a. C, y en la actualidad es la bebida alcohólica más popular del mundo: se ha hablado mucho del «renacimiento» o la «revolución» de la cerveza, lo cual puede parecer extraño, pues nunca ha llegado a desaparecer. Pero lo que está cambiando es nuestra concepción de la cerveza: su versatilidad, sabor, intensidad, potencial… incluso su papel en la sociedad. En medio de todo ello se encuentra la cerveza artesana.

¿Qué es la cerveza artesana?

¿Qué significado tiene el adjetivo «artesana»? Algunos consideran que los cerveceros artesanos tienen producciones limitadas. Bien, si lo comparamos con marcas como Budweiser, posiblemente sí. Pero Lagunitas, por ejemplo, produce 750.000 hectolitros de cerveza en sus instalaciones de California. Otros piensan que los cerveceros artesanos son todos independientes. En la mayoría de los casos, es cierto: los amantes de la cerveza artesana te dirán que una cerveza libre de la mancha del dinero sabe mucho mejor. Otros aseguran que tiene sabores excitantes y graduaciones alcohólicas insospechadas, además de ingredientes que suelen relacionarse poco con la cerveza: desde todo tipo de hierbas al pomelo o al haba tonka. Pero la Manchester Bitter de Marble (p. 173) es una interpretación moderna de un estilo ciertamente antiguo que huye de las estridencias.

En efecto, las cosas dejan de estar tan claras. Así pues, hagamos entonces nuestra propia definición: la cerveza artesana trata sobre valores más allá de volúmenes, de espíritu en lugar de finanzas, del alma por encima del cinismo. Si esto te suena bien, entonces la cerveza artesana es para ti.

Este libro no solo te ayudará a consumir cerveza artesana, sino también a elaborarla. El homebrewing es una parte integral de la revolución de la cerveza artesana, pues la mayoría de los cerveceros artesanos profesionales empezaron haciendo cerveza en su propia casa y siguen manteniendo el vínculo entre ellos, su producto y las personas que lo consumen.

Las mejores cerveceras del mundo

Todas las recetas que encontrarás aquí vienen de las cerveceras más apasionantes, rompedoras y atrevidas del mundo. Inspírate: reproducir la Cream Ale de Mikkeller o la Ginormous Imperial IPA de Gigantic es mucho más atractivo que elaborar cervezas genéricas. Empieza con algo sencillo, y ve avanzando cuando notes que mejoras tu habilidad con las técnicas y que entiendes bien tu equipo. Y cuando te sientas más seguro, utiliza las recetas para meterte de lleno en tus propias cervezas: más/menos/distintos lúpulos en diferentes momentos, un toque de malta tostada, centeno o avena, o ingredientes complementarios como fruta, hierbas, especias, té, chocolate, vainilla, café… Tu único límite es la imaginación.

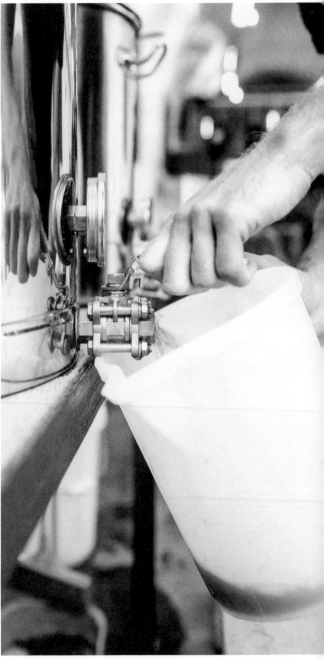

Kit, extracto y todo grano

Cualquiera puede adquirir un kit con todo lo necesario para hacer cerveza (bien, pseudo-cerveza). Abre un pack de extracto de malta y lúpulo, viértelo en un cubo con agua; espera un rato, y bebe un poco: más o menos, se trata de esto. También puedes comprar comida para microondas o muebles para ensamblarlos en casa, pero eso no significa que debas hacerlo. Con un kit puedes obtener una bebida que se asemeje algo a la cerveza, pero sin gracia y ni rastro de la gran satisfacción que supone elaborarla desde cero. El siguiente paso es el uso de extracto de malta seco en vez de granos fermentables: la elaboración con extracto utiliza polvos solubles o jarabes en la fase de maceración. Con estos materiales se puede obtener una cerveza decente. Es más fácil, claro, pero posiblemente te deje con la sensación de que te faltan los errores, las pruebas y los triunfos de la elaboración de verdad. Este libro recomienda que te zambullas directamente en todo grano desde el inicio. Aprenderás un montón de tus propios fallos y errores de cálculo. Así que, aquí, todas las recetas son todo grano, utilizando malta y lúpulos de verdad. Requiere de más trabajo, pero merece la pena.

¿Es el homebrewing artesano distinto del normal? Puede que no; pero, en principio, sí. El homebrewing tal y como lo conocemos hoy no ha sido una práctica continuada a lo largo del tiempo (o, al menos, no legal). En el Reino Unido, la regulación sobre homebrewing requería una licencia hasta 1963; en Estados Unidos, la producción de cerveza en casa con más de 0,5 grados de alcohol fue ilegal hasta 1978. A los primeros defensores del homebrewing de finales del siglo XX les atraían más los beneficios financieros que los creativos, lo que en la práctica acabó estableciendo una mala reputación por producir lotes de auténtica porquería líquida (una fama contra la cual hubo que luchar durante mucho tiempo). La nueva generación de homebrewers encuentra su inspiración en la gran variedad de ingredientes y cervezas que tiene a su alcance.

Y, hoy en día, tu bar o tienda más cercana vende cerveza elaborada a miles de kilómetros de distancia (además, esperemos, de mucha cerveza elaborada a muy poca distancia). La Porter de Beavertown, la Smog Rocket, elaborada en el norte de Londres, se encuentra disponible en Norteamérica. Los neozelandeses pueden despertarse con la famosa Oatmeal Stout de Mikkeller, la Beer Geek Breakfast; y un hemisferio más allá, en Dinamarca, la tienda online de Mikkeller vende cerveza de los admirados 8-Wired, originarios de Nueva Zelanda. Las tiendas de homebrewing venden lúpulos de todo el mundo, desde las variedades clásicas inglesas como Fuggles o Bramling Cross, hasta el tropical Galaxy de Australia. Puedes comprar grano malteado de cualquier color: espelta, trigo sarraceno, centeno o la siempre fiable cebada. Si consumes cerveza artesana, posiblemente ya conozcas el sabor de una Saison, una Witbier, una Sour de cereza o una Imperial Stout. Probablemente tengas, además, tus favoritas. Y ahora nada te impide que las hagas tú mismo.

Empieza con lo fácil, luego experimenta

Antes de empezar tu viaje por el mundo del homebrewing, recuerda: una receta es solo el punto de partida. En este libro encontrarás las propias de las cerveceras, formuladas y afinadas para sus propios procesos (posiblemente muy distintos de los tuyos). Deberías considerar tu primer lote como un test. Guarda registros. Tu equipo es tan importante como los ingredientes, del mismo modo que lo es tomar medidas precisas, alcanzar objetivos, experimentar, practicar, equilibrar ratios y ser consistente.

Equipo

—

Se han elaborado lotes fantásticos
de cerveza durante años con
equipos caseros, hechos
con mucha habilidad. No sientas
la necesidad de tener un equipo
de acero inoxidable súper completo
para poder considerarte
un homebrewer.

Lo que necesitas

En lo esencial, la elaboración de cerveza es un proceso bastante sencillo, pero vale la pena invertir un poco de tiempo y dinero en hacer las cosas bien.

Tu equipo tendrá un efecto enorme en el producto final, incluso más que la propia receta. Mientras vas mejorando en la elaboración, irás conociendo mejor tu equipo: cómo se comporta, qué puede hacer, qué necesitas para conseguir tus objetivos. Una comprensión fundamental de los procesos implicados te dará una base sólida desde la cual progresar. En este capítulo se detalla aquello que se considera el mínimo necesario para hacer cerveza artesana de calidad en casa, además de algunos objetos y piezas adicionales en las que puedes invertir si quieres ir un poco más allá.

El homebrewing es una historia de innovación, invención, chapuzas, adaptación, ingenio, persuasión e ingenuidad. Muchas partes del equipo pueden adaptarse en casa con objetos de la vida cotidiana. Y puedes añadir más, a medida que vayas progresando. Aunque antes de tirar la casa por la ventana, puedes considerar la idea de una cooperativa: cerveceras abiertas, al estilo de la Chaos Brew Club de Chicago o la Ubrew en Londres, que son espacios en los que sus miembros pueden utilizar equipos de gran calidad, comprar ingredientes y compartir conocimientos. Pero tampoco tiene por qué ser algo tan organizado. Unas cuantas personas pueden reunirse para montar un equipo en una habitación, o incluso en un trastero, ahorrando dinero individualmente a la hora de invertir y teniendo más manos para trabajar (y con más bocas para probar los resultados). La elaboración de cerveza, al igual que su consumo, es mejor con amigos.

01 Caldera

Para empezar, necesitarás calentar agua a una temperatura muy precisa (esta agua caliente se conoce en la industria como «licor»). Necesitarás una olla grande de cocina con capacidad suficiente para poder contener el total de agua de tu cerveza (véase «Maceración» en la p. 53), para ahorrarte calentarla dos veces para la maceración y el lavado; y también por si tienes pensado alterar la composición química del agua antes de empezar (véase la p. 28). Pero una caldera específica para tal finalidad, con calentador de cinta, es más precisa y facilita la vida en infusiones escalonadas; tendrá, además, un grifo para que el trasvase del líquido sea más seguro. Los modelos avanzados cuentan con medidores visuales de volumen y termómetros integrados.

Termómetro, medidor y grifo son unos extras

02 Tanque de maceración

Una nevera de camping aislada con tapa sirve como tanque de maceración barato y fácil, si se le añade un grifo para el desagüe y algún tipo de filtro. Puedes añadirlos a la nevera tú mismo, con unas técnicas y unas piezas de bricolaje básicas –abundan las guías en internet para hacerlo–, o puedes comprarla ya lista para su uso. El siguiente nivel por encima del plástico es el acero inoxidable. El tamaño es importante aquí también: el tanque debe ser lo bastante grande para contener el volumen total de tu lote; no obstante, si lo es demasiado, la cama de grano no será suficientemente honda para crear un filtro efectivo. Para la mayoría de las recetas de este libro, bastará con una capacidad de 30 litros (aunque para las de alto ABV, algo más grande puede ser útil). Un filtro para separar el líquido post-maceración de los sólidos es esencial. Este puede adoptar distintas formas, y cada homebrewer tiene sus filtros favoritos:

01. Fondo falso: una red que se encuentra en el fondo del tanque, con un grifo de evacuación debajo. Retiene el grano, pero deja pasar el líquido. Este es posiblemente el método más efectivo para los cerveceros caseros.

02. Manifold: una disposición de tubos de cobre o de plástico en el fondo del tanque, con unos agujeritos que permiten el drenaje hidráulico del mosto. También funciona bien, pero puede resultar más complicado de limpiar.

03. Braid: una manguera con tejido de acero inoxidable que funciona de manera similar al manifold.

04. Filtro bazuca: se utiliza más habitualmente en la caldera de ebullición, pero algunos cerveceros piensan que también funciona bien en el tanque de maceración. Se trata de un tubo con malla de acero que se ajusta en el grifo de desagüe. Sin embargo, se han observado problemas en la eficiencia de la extracción de azúcar.

05. Bolsa: algunos cerveceros rellenan una bolsa de nailon con el grano, la cual se puede sacar cómodamente después de la maceración.

Vista interna del fondo falso y el grifo

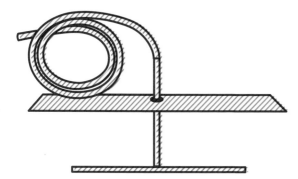

03 Brazo aspersor rotatorio

Muy útil para la fase de lavado, esta sencilla pieza se sitúa en la parte de arriba del tanque, rota cuando el agua pasa a través de ella y rocía finamente el mosto para no alterar la cama de grano. Un truco fácil y barato es hacer agujeros en una lámina de aluminio lo bastante grande para cubrir la superficie del grano y luego verter lentamente el agua sobre la misma con una jarra de medición.

04 Caldera de ebullición

Para extraer los sabores amargos de los lúpulos, se necesita una vigorosa ebullición, y los fuegos de las cocinas por lo general no son lo bastante potentes para ello. Por eso las calderas de ebullición se calientan con un elemento interno eléctrico o bien se colocan encima de un quemador de gas. Estas tienen que ser suficientemente grandes para contener todo el lote sin que llegue a derramarse; por razones de seguridad, para una elaboración de 20 litros necesitarás una capacidad de 30 litros. La forma también es importante: si el diámetro es demasiado ancho, el ratio de evaporación será más elevado de lo que se desea, y perderás demasiado mosto. Se recomienda que el ratio diámetro/altura sea de 1:2.

05 Filtro

Los lúpulos secos son hermosos, fragantes y hojaldrados; los hervidos son pegajosos y desagradables, y deben mantenerse fuera del fermentador. Así que, como en el tanque de maceración, la caldera de ebullición necesita un filtro para separar los residuos del lúpulo u otros ingredientes del mosto al final de la ebullición. Las opciones son un fondo falso, un filtro bazuca o una bolsa (aunque hay algunos indicios de que las bolsas de lúpulo no dejan que los aceites y los ácidos se extraigan adecuadamente durante la ebullición).

Filtro
bazuca

06 Enfriador de mosto

Tras la fase de ebullición, por lo general es vital enfriar el mosto lo más rápido posible a fin de minimizar el tiempo de exposición al aire y el riesgo de infección, además de que así se evita la espera. (La excepción es en el caso de un «hop stand» o «whirlpool», cuando los lúpulos se añaden al mosto después de la ebullición y se dejan reposar). Un enfriador de inmersión es un tubo en espiral que conecta agua fría por un lado y desagua por el otro; se coloca en el mosto 15 minutos antes de terminar la ebullición para esterilizarlo y cuando el agua fría se activa se transfiere el calor hacia fuera. Puedes crear uno de una manera relativamente sencilla con un tubo de cobre y una manguera de plástico.

Los enfriadores contracorriente o de placas que venden en las tiendas cumplen la misma función y con más rapidez, aunque son más caros.

07 Tina de fermentación, jarra de cristal o tanque de acero herméticos

Una buena fermentación es esencial para obtener una buena cerveza. Los cubos de fermentación pueden ser de plástico, cristal (garrafón o damajuana) o acero. El plástico es el material más barato y ligero, y además obstruye el sol, pero se raya con relativa facilidad; el cristal deja que el cervecero pueda ver el progreso de la fermentación, pero pesa mucho cuando está lleno y puede romperse; el acero protege la cerveza de los rayos de sol pero es el más caro. Tener dos recipientes permite hacer una segunda fermentación (véase la p. 47). Necesitan tapas de cierre hermético y airlocks, o tubos de ensayo; y deben ser del tamaño preciso para acomodar el mosto y su krausen (no, no es un monstruo marino mitológico, sino la poco atractiva espuma que se genera en esta fase). Un grifo en la parte inferior facilita el trasvase.

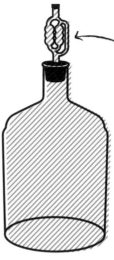

08 Airlock

Un airlock de burbujas contiene cámaras de agua que previenen que cualquier cosa mala se cuele en tu preciada cerveza, pero permiten que el CO_2 se escape: de esta manera puedes ver cómo se produce la fermentación. Los airlocks sencillos tienen una tapa que lleva a cabo la misma tarea o un tubo de ensayo que va desde el tapón a un pequeño recipiente con agua esterilizada.

09 Bomba de trasiego

Elaborar cerveza requiere de mucho trasvase de líquidos. La bomba de trasiego se ajusta a un sifón y tiene una trampilla para sedimentos en el fondo a fin de filtrar elementos sólidos no deseados al sacar el líquido fuera del fermentador, hacia un barril o recipiente para embotellado. Necesitarás una si tu fermentador no cuenta con un grifo en la parte de abajo. La de acero es más cara pero más profesional que la de plástico.

11 Tapadora, botellas y chapas (o botellas tipo Grolsch con tapón mecánico)

Esto es todo lo que necesita una cerveza antes de que la almacenes o la bebas. El embotellamiento es la opción habitual: necesitarás chapas y tapadora. Utiliza botellas marrones para evitar el «golpe de luz» (este es el término utilizado para describir el mal olor generado por la descomposición de los ácidos del lúpulo, debido a la exposición a la luz natural).

10 Embotelladora

Una sencilla combinación de grifo y tubo que hace un poquito más disfrutable la fase final de la elaboración. Una embotelladora sifón de acero inoxidable te permite rellenar varias botellas a la vez.

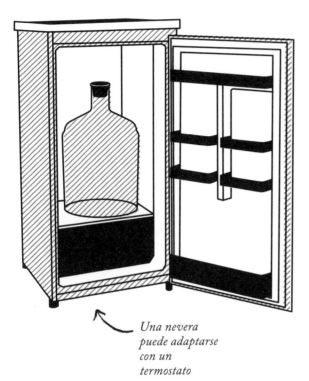

Una nevera puede adaptarse con un termostato

12 Calefactor o nevera

La fermentación óptima tiene lugar en un rango de temperaturas bastante específico, que por lo general debe mantenerse constante. Si hay demasiado calor la levadura irá a toda marcha, o morirá; si hay demasiado frío, no llegará a despertarse para hacer su trabajo. Dependiendo de las condiciones ambientales, el mosto puede requerir calentarse o enfriarse para alcanzar estos objetivos. Calentar el mosto es más fácil: si realizas la fermentación en algún sitio frío, una almohadilla de calor ayudará a mantener la temperatura. Enfriarlo es más complicado, especialmente para el lagering (véase la p. 113, por ejemplo). El lagering es, sin duda, una técnica avanzada en el homebrewing, pero es cierto que no hay nada más satisfactorio que una Pilsner fría y bien fresca para los días de verano. Algunas personas utilizan una nevera con controles de temperatura. Una opción más básica es meter el recipiente del fermentador en un cubo más grande con agua, a la que se puede aplicar hielo si es necesario: igual que en el mar, será menos susceptible a los cambios de temperatura ambiental, al tratarse de una masa de agua más grande. Controla la temperatura regularmente, sea cual sea la opción que elijas.

13 Cuchara larga

El acero es mejor para realizar las mezclas.

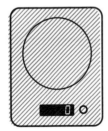

14 Básculas digitales

Los gramos son importantes en el homebrewing. Y el camino a seguir aquí es digital.

15 Termómetro

Algunos modelos se pueden ajustar al costado del recipiente, otros flotan en el líquido; algunos son digitales, otros utilizan mercurio. Cuanto más preciso sea el tuyo, mejor podrás seguir las recetas y controlar tu proceso. La temperatura es muy importante.

16 Jarra de medición

Esencial para la recirculación, para probar y para drenar el mosto.

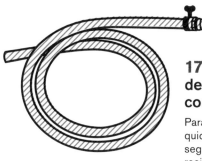

17 Mangueras de plástico con conexiones

Para facilitar que los líquidos fluyan de manera segura y fácil entre los recipientes.

18 Papeles de pH o probador digital

Tal como se explica en la p. 28, el pH del agua puede tener efectos sobre la cerveza que elaboras con ella. Las tiras de clase de ciencias son baratas, pero difíciles de leer. Un probador digital es más preciso, sin ser muy caro. Tampoco es imprescindible para el homebrewer principiante, pero para llevar tus cervezas a niveles superiores será importante tener en cuenta la composición química del agua que usas.

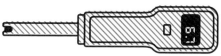

19 Hidrómetro o refractómetro

Posiblemente solo necesitarás uno u otro. Ambos permiten medir la densidad específica en varias fases (véase la p. 53). Estas mediciones te ayudan a calcular el contenido alcohólico, además de la eficiencia. El agua pura a 20 °C tiene una densidad específica de 1; en el mosto es más elevada por los azúcares en suspensión. El azúcar de un mosto se convierte en alcohol y CO_2 durante la elaboración y pierde densidad. Un hidrómetro es un instrumento básico: es un tubo de cristal con una escala que se deja flotar en una muestra de mosto dentro de una probeta. También puedes utilizar un refractómetro, que da lecturas calculadas con unas pocas gotas de líquido en un prisma; es más preciso, y no necesita que se considere la temperatura para tomar la medición.

Para utilizar un hidrómetro (o «sacarómetro», pues mide el contenido de azúcar), primero debes sacar una pequeña muestra de mosto utilizando la probeta esterilizada. Luego se enfría a unos 20 °C, introduciendo la probeta en agua fría o removiéndola; la temperatura afecta a la densidad (aunque puedes utilizar un gráfico de conversión de temperatura). Introduce lentamente el hidrómetro en el mosto y hazlo girar suavemente para eliminar cualquier burbuja de aire presente. Cuando repose sobre sí mismo, haz una lectura a la altura del ojo desde la parte inferior del menisco del líquido.

Como un profesional

Equipamiento adicional para que tu cerveza sea aún mejor.

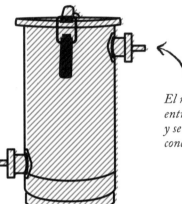

01 Hopback

Si te metes de lleno a lupulizar tu cerveza y quieres conseguir incluso más potencia de ese irresistible aroma, considera el hopback. Se trata de un contenedor hermético que se sitúa en la línea entre la caldera de ebullición y el fermentador: se llena de lúpulos enteros o plug hops, que transmiten mucho sabor sin que pierdan sus aceites por la ebullición. Puedes hacer tu propio hopback: no es muy complicado.

El mosto caliente entra por aquí y se lupuliza a conciencia

02 Barriles de madera

Es muy probable que hayas tomado una cerveza añejada en barrica. Envejecer la cerveza en madera se está convirtiendo en una excelente noticia para los cerveceros, que siempre buscan nuevas y excitantes vías por las que llevar sus cervezas. Se utilizan barriles que han contenido vino, whisky, jerez, bourbon o incluso tequila; si tienes espacio para un equipo de elaboración, puede que también tengas sitio para un barrilito. Se venden en distintos tamaños y se pueden utilizar varias veces para muchos estilos distintos de cerveza. Las virutas de madera se utilizan a veces como sustitutas en la segunda fermentación.

En general, las cervezas con un ABV más elevado, con sabores ricos y oscuros, tienden a envejecer mejor que las más ligeras y frescas, pero ¿quién te va a impedir hacer esa Witbier envejecida en barrica de oporto, si eso es lo que tú deseas?

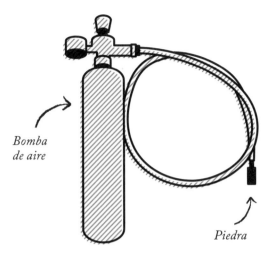

Bomba de aire

Piedra

03 Aireador

En las últimas fases de la elaboración, el oxígeno y la cerveza no son precisamente buenos amigos. La excepción la encontramos en el trasvase entre la caldera y el fermentador: la levadura necesita O_2 para vivir. Salpicar, remover y agitar un poco el líquido es una solución práctica, pero también puedes comprar una bomba con una piedra de difusión cerámica o de acero para llevar a cabo el proceso de forma más efectiva. Una piedra de acuario con una bomba eléctrica es una solución barata, siempre que no la estés utilizando también para mantener fresca el agua de tu pez dorado.

04 Kegs, grifos y CO_2

Un keg con grifo es equivalente a lo más parecido —dentro de lo legal— a un pub que podrás llegar a tener en tu casa. Solo tienes que colocar una diana para dardos y podrás empezar a cobrar a tus vecinos por las cervezas. Ventajas de un keg: mantiene la cerveza fresca entre servicios, es más grande y fácil de limpiar y esterilizar que un montón de cajas de botellas y, además, se puede carbonatar de manera forzada (mediante un bote de gas para carbonatar tu cerveza rápidamente sin tener que esperar a que la levadura haga su trabajo en la botella, un sistema empleado por muchas cerveceras artesanas). Los modernos Keykeg son un sistema de bolsa-en-barril que permite a los cerveceros meter su cerveza en un barril y servirla con una bomba manual, como las de las bicicletas.

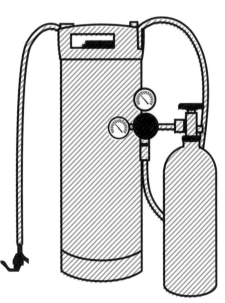

Ingredientes

—

Del mismo modo que no se necesita un gran equipo para la elaboración de cerveza, los ingredientes pueden reducirse también a cuatro básicos: agua, malta, lúpulos y levadura. A partir de esta gloriosa cuaternidad se producen milagros: cada elemento tiene muchas variedades, pero todos juntos conforman la base de la gran mayoría de las cervezas.

01 Agua

Puede parecer el ingrediente más directo, pero incluso el H_2O de toda la vida requiere un poco de consideración previa a la elaboración, ya que constituye el mayor porcentaje de la cerveza. Tradicionalmente, el contenido mineral y el pH del agua local determinaban los tipos de cervezas que se podían hacer en cada sitio (el agua muy carbonatada de Londres se tradujo en que predominaban las Stout y las Porter, mientras que el agua blanda de algunas partes de Alemania es una base ideal para las Lager). Hay soluciones y tabletas que puedes añadir al agua para aumentar o reducir su pH o dureza, pero puede ser necesario tener formación en química para entender el efecto de los diversos elementos químicos y minerales en los distintos ingredientes. A menos que el agua de tu zona tenga una composición química muy extrema, o que quieras recrear con exactitud algún estilo particular de cerveza, el agua que sale de tu grifo debería ser suficiente para tus primeras elaboraciones. Tu compañía de agua puede facilitarte un informe con los componentes presentes en tu suministro si quieres tener más detalles y, desde aquí, puedes empezar a preparar a medida el agua para cada una de tus cervezas.

02 Malta

Lo primero que vas a añadir al agua es malta y otros cereales (conocidos en conjunto como «grist»). La malta es un término general para cualquier tipo de cereal «malteado», es decir, que ha pasado por un proceso de remojo en agua para que empiece su germinación y luego se ha secado con aire caliente para detenerla. El secado se lleva a cabo con distintos grados de intensidad (incluso un tostado fuerte). La germinación permite que el almidón natural se convierta en azúcar durante el proceso de elaboración.

Prácticamente cualquier cereal se puede maltear y utilizar en la cerveza —mijo, alforfón o incluso espelta—, pero las variedades más utilizadas son la cebada, el trigo, la avena y el centeno. La intensidad del calentado posterior al remojo produce perfiles distintos: la malta Pale se utiliza como base en muchas cervezas y no aporta mucho color; la malta Chocolate aporta sabores profundos y amargos, y una rica tonalidad oscura. (La cebada tostada no es malta, pero se utiliza de forma similar en las Stout y las Porter).

Las maltas se clasifican por color en tres escalas: grados Lovibond (de las claras, 10 °L, a las oscuras, de más de 300 °L), y las más nuevas ERM (European Reference Method) y EBC (European Brewery Convention).

El grano debe molturarse (en unos tres trozos más pequeños) antes de su uso. Los cerveceros caseros hacen el molturado ellos mismos con un molinillo, pero si compras malta premolturada trata de utilizarla rápidamente. La malta se conserva bien en su forma original, pero pierde potencia al romperla.

Las enzimas producidas durante la germinación rompen el gran y complejo almidón del grano en trozos más pequeños que puede consumir la levadura; las maceraciones a menor temperatura que favorecen la amilasa beta generarán en la cerveza más alcohol y menos cuerpo; las temperaturas de maceración más altas favorecen la amilasa alfa, que lleva a elaboraciones con menos alcohol y más cuerpo. Un equilibrio entre ambas es generalmente el punto deseable.

03 Lúpulos

En un bonito acto de equilibrio con la malta, los lúpulos se erigen como el otro elemento primario para dar sabor a la cerveza. Los cerveceros utilizan (normalmente) flores secas de la planta del lúpulo, que cuenta además con propiedades medicinales y antibacterianas. Pueden añadir también mucho sabor, que va de sutiles toques a desenfrenadas notas florales o tropicales, en función de cada variedad. Los lúpulos añadidos al principio de la ebullición aportan amargor; cuando se agregan durante el proceso (lúpulo tardío), su aportación al sabor es más potente; y, en la fase final, añaden aroma. En esas IPA de estilo americano, que parecen inundar los espacios con su fresquísimo buqué afrutado y floral, puedes dar por hecho que se ha utilizado una gran cantidad de lúpulos tardíos. Algunos lúpulos son mejores para el amargor y otros sobresalen en el aroma, mientras que hay unos que son versátiles en ambos aspectos. Los packs de lúpulos especifican su porcentaje en alfa ácidos (AA), que varía según la cosecha y el año; los cerveceros deben tener en cuenta este detalle para asegurar su consistencia. Esto nos da una idea del amargor que aportará un lúpulo. Por ejemplo, el Chinook de EE.UU. tiene unos AA relativamente altos, sobre el 12%, mientras que el Wai-Iti de Nueva Zelanda aporta solamente un 4% de AA, pero huele como un campo de limones en verano. Algunas recetas de este libro listan los AA recomendados por los cerveceros: si tu objetivo es ser preciso, deberás tomarlos en consideración.

04 Levadura

La levadura es el componente final en la serie de reacciones químicas que culminan en la cerveza. Cuando se añade a un mosto enfriado, después de la ebullición del lúpulo, la levadura se dispone a engullir los azúcares presentes en el líquido, transformándolos en alcohol y CO_2. Sin levadura, la cerveza no tendría gas, y sería un líquido muerto e impotente en un mundo infeliz. La mayoría de las levaduras para homebrewers son del género Saccharomyces, aunque existen otras, incluyendo la incontrolable Brettanomyces (véase la p. 57). La Saccharomyces tiene variedades de alta y baja fermentación; las primeras son más comunes y se utilizan para la mayoría de las Ale; las segundas requieren temperaturas menores y se utilizan básicamente en Lager (Pilsner).

Existen muchas variedades de levadura cultivada comercialmente que interactúan de forma diferenciada con los atributos de la cerveza que se elabora. Un ejemplo es la levadura Saison, que introduce notas especiadas y aromáticas. Algunas se describen como de fermentación limpia: no transmiten demasiada personalidad y hacen la conversión de manera efectiva y silenciosa. Las cerveceras generalmente utilizan variedades propias que ellas mismas «cosechan» de cervezas ya terminadas para emplearlas en las siguientes: esto se puede hacer en casa, con una técnica algo más avanzada, pero te asegura un suministro regular de levadura fuerte y saludable.

Puedes comprar levadura seca (para «inocularla» o añadirla al mosto desde un pack) o líquida (que puede requerir una fermentación separada en un «starter» junto con extracto seco de malta y agua, o mosto, antes de inocularla; véase la p. 44). La levadura seca es práctica, más fácil de utilizar y recomendada para principiantes, pero está limitada a una serie de variedades. Wyeast vende sus «Smack Packs», que son bolsitas de levadura líquida activada con nutrientes que sirven por sí mismas como starters; White Labs vende viales de levadura líquida, los cuales se usan para este mismo objetivo.

Cada variedad de levadura tiene sus propias medidas características: la atenuación, que es la cantidad de azúcar que convertirá en alcohol y dióxido de carbono; la floculación, la cantidad de sólidos en que se agrupará en las últimas fases de la fermentación; el rango de temperatura óptima que prefiere, y su tolerancia al alcohol (el nivel de este que puede manejar antes de rendirse). Todos tenemos una.

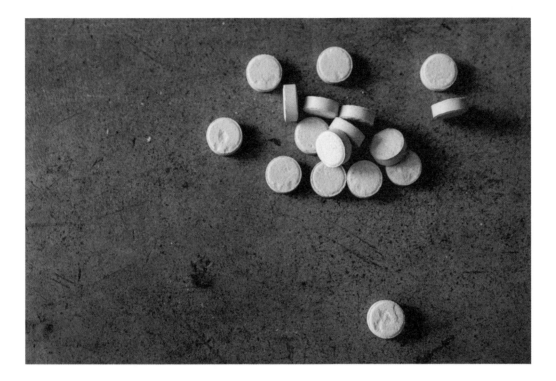

05 Otros ingredientes

Con «adjuntos» se hace referencia a los cereales no malteados añadidos a la maceración —maíz, avena, arroz— que no toman parte en la creación de azúcares, pero pueden aumentar la retención de espuma, por ejemplo, o mejorar la sensación en boca. El término puede referirse también a ciertos tipos de azúcares —como la dextrosa o el azúcar candi belga—, añadidos en distintas fases de la elaboración para aumentar la fermentación o el nivel de alcohol.

El azúcar también se añade para el «priming» de la cerveza, justo antes de embotellarla o embarrilarla, lo que genera carbonatación en el producto terminado. Los estilos más ligeros y refrescantes (Lager, Amber o Wheat) necesitan más azúcar que los más complejos y reconfortantes (Porter o Bitter). Además, la cerveza puede combinar de maravilla con una amplia gama de otro tipo de ingredientes. Espresso Stout, Raspberry Wheat Beer, Lemongrass Saison, Citrus IPA, Salted Porter… son estilos con combinaciones no especialmente controvertidas.

Pero ¿qué me dices de la Rogue Voodoo Doughnut, hecha con beicon y sirope de arce? O la Taco Beer de Two Birds, una auténtica fiesta de maíz, cilantro y lima. No existe ninguna norma sobre los límites de lo realmente bebible, y el homebrewing te da la oportunidad de ser creativo.

Finalmente, muchas cervezas se benefician del uso de agentes clarificantes. En algunos estilos, las cervezas claras son valoradas tanto por el aspecto visual como por su sabor; pero hay tres razones por las que puede aparecer turbidez: proteínas (de cereales más oscuros, malteados o no), taninos (un subproducto del grano derivado de la maceración) y levadura en suspensión. Un agente clarificante tradicional es el Irish Moss (que, de hecho, son algas marinas), el cual, añadido en la fase de ebullición, favorece la floculación de las proteínas, que se hunden hasta el fondo del tanque y forman un sedimento. Protofloc y Whirlfloc son dos tipos de clarificantes que se presentan en comprimidos.

Elaborar tu propia cerveza

—

Elaborar cerveza es un viaje que dura toda una vida, pero si te sumerges en las técnicas fundamentales tendrás una sólida base para crear grandes cervezas.

Sanitización (esterilización)

La higiene y la virtud van de la mano, y en la elaboración de cerveza, tamién del sabor (y la seguridad). La importancia de la sanitización no puede destacarse con suficiente énfasis. Un lote entero de cerveza puede estropearse por la infiltración de bacterias o levaduras silvestres. El mosto caliente favorece la rápida reproducción de las células, y una cerveza contaminada debe irse por el desagüe (aunque las Lambic se contaminan a propósito, pero esa es otra historia…). Cada pieza de tu equipo que vayas a utilizar en la ebullición debe estar libre de gérmenes. Acostúmbrate desde el principio y te ahorrarás muchos dolores de cabeza. Es útil pensar en un régimen de «dos pasos hacia atrás»: sanitiza cualquier elemento que vaya a estar en contacto con el mosto. También tienes que limpiar y sanitizar a conciencia las botellas: para ello puedes usar un cepillo especial o una enjuagadora.

Preparación

La mayoría de los homebrewers utilizan la fuerza de la gravedad para hacer el trasvase de líquidos entre recipientes en las diversas fases de la elaboración. Si tienes el espacio suficiente para hacerlo, una organización escalonada tipo podio te facilitará mucho el trabajo; si no, ve calentando para una sesión de levantamiento de peso y sentadillas. Las bombas eléctricas en línea te ahorrarán el esfuerzo.

Un Smack Pack de Wyeast requiere que lo actives al menos tres horas antes de utilizarlo. Los viales de White Labs necesitan estar a temperatura ambiente para activarlos 15 minutos antes de su uso. Un starter tradicional de levadura líquida necesita prepararse con unas 12-18 horas de antelación. El grano debe molerse justo antes del momento de maceración. Calcula que tardarás unas 4 o 5 horas para elaborar tu cerveza; un poco más las primeras veces, pues no se trata de una actividad que pueda hacerse con prisas. Tampoco puedes tomarte una pausa de unas horas mientras te vas a trabajar, a dormir o al pub. Y no te dejes llevar por tus ganas de probar la cerveza pronto: del grano al vaso pasan entre cuatro y cinco semanas, si se tienen en cuenta la fermentación y el acondicionamiento. Pero vale la pena esperar.

Paso 1 **Maceración**

Extrae los azúcares fermentables del grano molido en agua caliente.

01. Calienta todo el licor (véase «Maceración» en la p. 53) en la caldera unos 10 °C por encima de lo que especifica la receta. Puede llevarte una hora; prepara lo demás mientras tanto. Esta temperatura permite que el tanque se enfríe un poco hasta alcanzar la temperatura idónea, que suele estar entre los 65 y 68 °C, aunque cada receta tiene sus propias variaciones.

02. Añade de forma simultánea el agua caliente (para calcular el volumen, véase «Maceración» en la p. 53) y los granos molturados bien mezclados, mientras lo remueves todo cuidadosamente. Puedes hacerlo por etapas, tomando medidas de temperatura para asegurarte de que esta no está demasiado caliente o fría. Deja a un lado la tapa y añade agua fría para bajar la temperatura; agrega más agua caliente si necesitas que suba (registra las adiciones y réstalas al lavado).

03. Remueve con suavidad para que se mezcle todo, se distribuya el agua/grano y se eliminen los grumos. Si lo remueves todo con demasiado vigor en este paso, la temperatura va a caer más de lo deseado y esto puede llevar a una maceración «compacta», que se parecerá a tener una rebanada de pan mojado en tu tanque de maceración; intenta, si puedes, desaguar el mosto a través de esto.

04. Pon la tapa en el tanque. Para las infusiones simples, déjalas reposar durante una hora (aunque más tiempo no les hará daño). Para las escalonadas es necesario incrementar la temperatura durante esta fase, a fin de extraer los distintos caracteres de la malta. Los reposos se hacen para desarrollar enzimas y conseguir eficiencias mayores. Las maltas modernas «modificadas» están diseñadas para que la extracción sea elevada incluso sin infusiones escalonadas. Este método es más fácil si tienes un tanque de maceración con control de temperatura; en caso contrario, vas a tener que empezar con una maceración más espesa (véase «Maceración» en la p. 53) y añadir agua caliente para alcanzar las temperaturas objetivo. Es difícil de dominar, ciertamente, y más aún es ser consistente; muchos homebrewers lo consideran innecesario, otros tienen fe ciega en ello.

05. Algunos homebrewers llevan a cabo pruebas de yodo al final de la maceración. Toma una muestra sin grano del mosto y échale un par de gotas de yodo común. Si se vuelve negro, sigue teniendo almidones no fermentados y debes seguir macerándolo más tiempo. Si se mantiene claro o se vuelve ligeramente rojizo, tu maceración ha concluido de forma eficiente.

Paso 2 **Lautering**

*Extrae todos los azúcares fermentables del grano macerado
y genera el volumen deseado de mosto precocción.*

01. Elevar la temperatura de maceración a 77 °C es un proceso conocido como «mashout». Esto se hace con calor externo o añadiendo agua muy caliente —sobre los 93 °C— y tiene la doble función de hacer que el mosto fluya con más libertad y de detener el proceso de conversión de enzimas. Algunos homebrewers lo aplican; otros no se molestan en hacerlo y se saltan esta fase sin resultados desastrosos. Las mezclas de grano «pegajosas», como las que llevan mucho trigo o centeno bien molido, se benefician de un mashout.

02. Hay dos etapas en el lautering: la recirculación y el lavado. Primero, para recircular (lo que fija la cama de grano), corta un trozo de lámina, ponla encima del grano y perfórala unas cuantas veces. Saca una o dos pintas de mosto por el grifo del tanque, ciérralo y vuelve a verter cuidadosamente el mosto encima de la lámina. Esto también se conoce como «vorlauf». Repite esta recirculación dos o tres veces hasta que el mosto salga limpio de cáscaras y de restos grandes de grano. Cuanto más claro, mejor.

03. Existen dos métodos de lavado: por etapas y continuo. Este libro solo trata el primero (véase a la derecha), que generalmente se considera más eficiente. Asegúrate de que el agua se encuentra a 78 °C en la caldera, y que cuentas al menos con el volumen requerido para el lautering (véase «Maceración» en la p. 53). El lavado consigue sacar, efectivamente, todos los azúcares fermentables formados en la maceración y crea el volumen correcto de mosto rico y dulce.

04. Una maceración se compacta cuando el grano se vuelve demasiado espeso para permitir el filtraje del mosto, lo cual puede pasar tanto en un lavado por etapas como en uno continuo. La señal que te indica que se ha compactado una maceración es cuando no sale mosto por debajo, a pesar de que el grifo esté abierto y de que haya líquido en el tanque. Para solucionarlo, cierra el grifo del tanque y remuévelo ligeramente; recircula un par de veces después de esto, como en el paso 2, para volver a fijar la cama de grano, y déjalo durante 15 minutos antes de volver a la carga. Si esto no funciona, podrías tener que probar otros métodos, como remover más enérgicamente o aplicar calor otra vez para que el líquido se suelte.

05. Antes de que el mosto hierva en la caldera, puede ser útil tomar una medida de la densidad a 20 °C (véase la p. 53). Esta será tu densidad precocción.

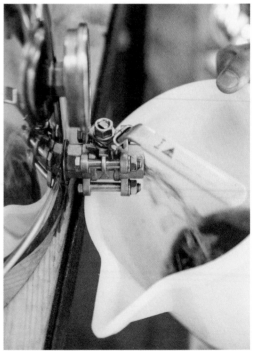

06. Si utilizas un brazo aspersor, móntalo en la parte superior del tanque. Conecta el tubo de alimentación a la caldera, y una manguera al grifo de la parte inferior del tanque. Pon el otro extremo de esta manguera en la caldera de ebullición.

07. Abre parcialmente el grifo de la caldera para que el brazo aspersor gire y esparza el agua; de forma simultánea, abre el grifo de la parte inferior del tanque. El objetivo aquí es producir un flujo continuo y regular de mosto, a través de la cama de grano y hacia fuera. Si parece que el grano se despega un poco de las paredes del tanque, aumenta el agua de entrada; si hay una capa de agua por encima de la cama de grano, redúcela. Demasiada agua podría romper la cama e imposibilitar así el filtraje.

08. Tan pronto como el elemento interno de la caldera de ebullición esté cubierto por mosto, puedes encenderlo para empezar la cocción, pues esto te ahorrará tiempo. Mantén el agua fluyendo hasta que hayas llegado al volumen precocción deseado en la caldera (véase «Maceración» en la p. 53).

Un método alternativo de lavado continuo consiste en utilizar una manguera de plástico flexible perforada de calidad alimentaria, que se sitúa encima de la cama de grano y se conecta a la caldera para que gotee el agua. O, incluso más fácil, sigue lavando con el método de la lámina descrito en la página anterior: rellena tu jarra con agua a 78 °C de la caldera y espárcela cuidadosamente por encima. Repite este proceso varias veces.

Otro método que utilizan los homebrewers consiste en esparcir agua sobre la superficie del grano con una cuchara grande de metal y una manguera conectada a la caldera.

No importa el método que escojas, el principio y el objetivo son los mismos, y debería llevarte desde 45 minutos para una mezcla de granos estándar, hasta 90 minutos para maceraciones más pesadas. Asegúrate de que utilizas únicamente la cantidad de agua de lavado necesaria, según se calcula al inicio de la elaboración (véase «Maceración» en la p. 53).

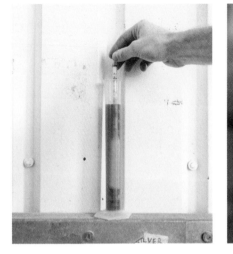 

Paso 3 **Ebullición**

*Extrae el amargor, los sabores y los aromas
de los lúpulos (y mata las bacterias no deseadas).*

01. En este momento deberías tener ya el volumen correcto de mosto en la caldera, el cual debería estar a punto para la ebullición. Si tapas la caldera acelerarás el proceso.

02. Añadir lúpulos antes incluso de que el agua hierva se conoce como «lúpulo temprano».

03. Cuando el mosto llega al punto de ebullición, estás a punto para empezar con las distintas adiciones de lúpulo. Rompe cualquier conglomerado grande de lúpulos y luego añade cada cota según indique la receta, removiendo un poco cada vez. No tapes la caldera por completo durante la ebullición. Esto permite que se evacúen los compuestos del azufre (los cuales pueden dar a la cerveza un sabor no deseado a «maíz cocido») y el cloro, en caso de que el agua de tu grifo lo contenga; y también te permite ver si hay peligro de derrame. Vas a perder algo de mosto por evaporación (véase «Maceración» en la p. 53), pero ya deberías contar con ello.

Tus primeras ebulliciones te darán una idea clara de las medidas exactas. Si utilizas clarificantes de cualquier tipo, como el Whirlfloc (véase la p. 33), esta es la fase en la que debes añadirlos (normalmente, unos 10 o 15 minutos antes del final).

04. Mantén el agua burbujeando con alegría durante toda la ebullición. Si utilizas un enfriador de inmersión en espiral y no llevas a cabo un hop stand, insértalo (sin flujo de agua) 15 minutos antes del final para esterilizarlo.

05. Al final de la ebullición, retira la fuente de calor (los cerveceros llaman a esto «flameout») y añade cualquier cota final de lúpulo (esto es, en hop stand o whirlpool).

06. Toma una pequeña muestra y utiliza el hidrómetro o refractómetro para obtener una medición de densidad (OG).

Paso 4
Hop stand

Dales a los lúpulos un largo y tranquilo baño en mosto caliente para obtener el máximo aroma.

La sabiduría convencional sostiene que el mosto debe enfriarse tan rápidamente como sea posible después de la ebullición. Sin embargo, tal como se indica en algunas recetas de este libro, un hop stand puede añadir potentes aromas a la cerveza final, y muchos homebrewers lo utilizan hoy en día. Básicamente se trata de añadir lúpulos de aroma y dejarlos en contacto con el mosto que se está enfriando entre 10 y 45 minutos. Esto también se conoce como «whirlpool hops» por la técnica profesional de hacer girar el mosto, lo que crea una fuerza centrífuga que forma una pirámide de sólidos en medio de la caldera y permite un drenaje más fácil. Puedes hacerlo así si quieres, pero un hop stand se puede llevar a cabo sin un whirlpool. Si tu receta no requiere de un hop stand, sáltate este paso y sigue con el número 5, en la página siguiente.

Paso 5 **Enfriar y airear**

Baja la temperatura del mosto y prepárate para la introducción de la levadura.

———

Tanto si has realizado un hop stand como si no, es imperativo que el mosto se enfríe ahora rápidamente para minimizar el riesgo de contaminación (así como para llevarlo a la temperatura indicada en el pack de la levadura y minimizar el tiempo de espera; un lote de mosto puede tardar horas en enfriarse de manera natural). Consulta la p. 20 para ver los distintos enfriadores (también puedes meter la caldera en una cubo de agua helada, pero lleva mucho tiempo y solo funciona para ollas no eléctricas, naturalmente). A partir de este momento, cualquier cosa que entre en contacto con el mosto debe considerarse como un potencial riesgo para la salud de tu cerveza. Esteriliza todo lo que puedas. También es buena idea pensar en la levadura: si necesitas rehidratarla, empieza a hacerlo cuando tu mosto se esté enfriando.

Enfriador de inmersión

Si utilizas un enfriador de inmersión, conecta mangueras a los extremos: una para que entre el agua fría, la otra para que salga. Abre el grifo de agua fría tanto como sea seguro, y comprueba que la salida lleve a un desagüe o a un fregadero. Remueve el mosto con una cuchara esterilizada para asegurar la máxima eficiencia en el enfriado.

Toma mediciones regularmente hasta que la temperatura del mosto alcance el rango especificado en el pack de levadura. Cierra la fuente de agua fría y saca el enfriador. El trasvase al fermentador deberá llevarse a cabo ahora por gravedad o con sifón. Deberías salpicar en este punto, ya que el oxígeno en el mosto es esencial para que la levadura pueda empezar a fermentar.

Enfriador de placas

Conecta las mangueras en las entradas y salidas correctas. Vas a extraer el mosto mientras se enfría, así que tendrás que equilibrar la salida cuidadosamente para asegurarte de que el líquido que fluye directamente al fermentador se encuentra a la temperatura correcta (alrededor de los 20 °C o menos). Si es demasiado alta, cierra un poco el grifo en la parte inferior de la caldera. Se anima a salpicar en este punto, pues el oxígeno en el mosto es esencial para que la levadura pueda empezar a fermentar. Sigue con el proceso hasta que hayas trasvasado todo el mosto al fermentador.

En el fermentador

01. Dependiendo de tu eficiencia y evaporación, el volumen de mosto en este punto puede variar. Si tienes mayor o menor volumen de lote del que se busca, es posible que tu densidad esté un poco desviada del objetivo: la cerveza será bebible, pero no tendrá exactamente el ABV que querías alcanzar.

02. Toma otra medición de la densidad. Esta será tu densidad original (OG), vital para determinar el ABV final. Compárala con la OG objetivo de la receta (véase la p. 53).

03. Remueve un poco el mosto para evitar puntos calientes y luego toma una medición de temperatura. Si está demasiado caliente, la levadura que estás a punto de inocular no funcionará; podría incluso morirse, entonces tendrías que inocular otro pack, y podrías no tener uno a mano. Siempre es una buena idea tener alguno de sobra.

04. Airea el mosto. Como nosotros, la levadura no puede vivir solo de la cerveza, sino que también necesita oxígeno. (No airees el mosto a más de 26 °C, ya que puede producirse la oxidación, que no es lo mismo que la aireación, y tu cerveza acabaría teniendo un sabor extraño). Las tiendas de homebrewing venden equipamiento para la aireación; si bien la forma más sencilla de airear es tapar bien el fermentador y removerlo todo durante unos minutos.

Paso 6 **Inocular levadura**

Hay una fiesta dentro de tu fermentador: los azúcares están sentados, vigilando la reserva de alcohol, y los lúpulos tienen la pista llena de agua. Pero esto aún no ha terminado. Inocular levadura es como agarrar a John Belushi, meterle dentro y cerrar la puerta con llave: empieza la fiesta más loca.

¿Cuánta levadura deberías utilizar? Un pack por cada lote de 20 litros posiblemente sea suficiente para cervezas de hasta unos 11 % ABV, más o menos. Para cervezas de mayor densidad, se recomienda utilizar dos packs o preparar un starter. Como se menciona en la p. 32, existen dos formas de levadura comercial: seca y líquida. Las líquidas deben guardarse en la nevera hasta su uso, aunque es mejor no conservarlas durante mucho tiempo. La levadura seca es más resistente. Un tercer tipo, la levadura silvestre, está flotando a tu alrededor y se involucraría en tu cerveza si le dieras la oportunidad, pero el resultado sería

cuando menos impredecible. Empieza con levadura comprada; la fermentación espontánea es solo para aquellos que están muy seguros de ello.

Algunos productores de levadura seca para homebrewing recomiendan rehidratarla antes de inocularla. El proceso de rehidratación puede dañar las paredes celulares de la levadura y, por ello, deberías realizarlo a pequeña escala y a una cierta temperatura antes de inocularla. Algunos ignoran el consejo y esparcen la levadura directamente encima del mosto, lo que no suele conllevar problemas, pero no garantiza que funcione. Es mejor seguir las instruc-

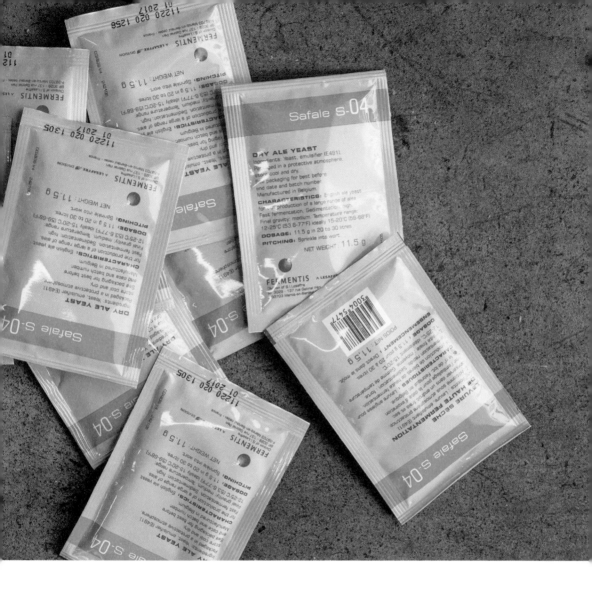

ciones (y esterilizarlo todo, incluso la parte externa del pack antes de abrirlo). Si no llevara instrucciones (¿de dónde lo has sacado?), haz esto: hierve cuatro veces la cantidad en agua que tengas de levadura. Deja que se enfríe hasta más o menos tu temperatura corporal (esperamos que sea alrededor de los 37 °C) en una jarra esterilizada. Luego esparce la levadura dentro de la jarra a temperatura ambiente y déjala ahí durante 15 minutos. Remuévela suavemente y, después de otros 15 minutos, comprueba que la levadura se encuentra a una temperatura dentro de un rango de 10 °C respecto al mosto en que se va a echar. Si es así, introdúcela. La levadura líquida, en caso de que la bolsa de nutrientes (si tenía alguna) se hubiera activado tres horas antes y a su correcta temperatura, puede meterse dentro también. Cuando hayas inoculado la levadura, tapa la caldera o sella la parte superior. La próxima vez que la abras, allí habrá cerveza. Pon el airlock en el agujero (con un poco de agua esterilizada, si es de burbujas).

Paso 7 **Fermentación (y dry-hopping)**

La buena cerveza requiere una buena fermentación.
Dale a la levadura lo que necesita y no te fallará.

De alguna manera, la fermentación es la parte más fácil de la elaboración, dado que implica delegar todo el trabajo a la levadura. Pero la fermentación es quizá también la parte más importante. Échale una mano asegurándote de que el tanque de fermentación se encuentra en un lugar oscuro, a la temperatura que indique la receta. La fermentación primaria debería darse a las 12 horas de la inoculación: un indicio es que verás actividad en el airlock, a medida que se vayan generando cantidades de CO_2. (Si no pasa nada después de 24 horas, la levadura posiblemente no haya funcionado. No desesperes: inocula un pack adicional y asegúrate de que sigues las instrucciones para acondicionarla cuidadosamente). Si tienes un tanque de cristal podrás ver como el espumoso krausen se va formando encima del mosto, pero si haces la fermentación en acero o plástico no caigas en la tentación de abrir la tapa para ver qué pasa. Lo único que harías es abrir la puerta a potenciales contaminaciones.

Bajo condiciones normales, esta fase puede durar hasta 10 días para las Ale: es difícil ser preciso, porque la levadura es libre y está viva, y no sigue instrucciones de nadie; ve controlándola. Cuando la actividad del airlock se haya ralentizado, es momento de pensar en trasvasarla a un fermentador secundario (el cual, la mayor parte de las veces, no es estrictamente necesario para un homebrewer) o simplemente dejarla hacer un acondicionamiento más largo. La levadura aún trabaja, aunque a menor ritmo, y la cerveza se está aclarando. Tres semanas es el tiempo máximo que vas a querer dejar tu mosto con la levadura, antes de trasvasarla.

Cuando estés satisfecho y des por finalizada esta fase (y la satisfacción viene con la experiencia), es el momento de medir la densidad. Esta será tu densidad final (FG, de «final gravity») objetivo, y se utilizará para determinar el ABV (véase la p. 52).
Si estás elaborando una Lager, es momento de empezar la fase de lagering (otra etapa de fermentación, pero a temperatura más baja).

Algunos cerveceros practican el «cold crashing», enfriando la cerveza entre 1 y 5 °C durante un par de días o una semana para ayudar a clarificarla.

Si vas a hacer un dry-hopping, como sugieren muchas de las recetas de este libro, el momento de hacerlo es justo después de la fermentación primaria. ¿Durante cuánto tiempo? Como en la mayor parte de los aspectos del homebrewing, no hay una única respuesta. Entre 3 y 5 días es una buena apuesta, pero puedes experimentar con menos; o con más. Los lúpulos tienen que estar en contacto con el mosto durante el tiempo suficiente para dejar salir sus aceites. El tipo de tanque de fermentación afectará al método que utilices: hay personas que hacen dry hop utilizando una bolsa de malla para evitar echar materia extra en el mosto, pero es difícil de meterla en un garrafón de plástico o de cristal. Así que los hop plugs pueden ser útiles en esta fase, al ser mucho más prácticos. Sin embargo, si no vas a trasvasar y filtrar la cerveza a un recipiente para embotellarla (véase el paso 8), la bolsa es esencial para evitar tropezones de lúpulo en tu cerveza.

Paso 8 **Priming, embotellado y acondicionamiento**

Las últimas fases previas a la mejor de todas (beber) sirven para montar el escenario para la carbonatación y para darle a la cerveza un sitio tranquilo para descansar.

Estás muy cerca de tener cerveza de verdad. El líquido que se encuentra en el fermentador ya no es mosto: es maltoso, lupuloso y alcohólico, pero sin efervescencia ni madurez. Para carbonatarlo, necesitas hacerle priming con azúcar (un azúcar especial para elaborar cerveza; simple glucosa que no añade sabor y que la levadura convierte fácilmente en CO_2). Mezcla una solución según los volúmenes de carbonatación requeridos: existen softwares que hacen este cálculo pan comido. Puedes trasvasar la cerveza a otro recipiente antes de embotellarla para minimizar los sedimentos en las botellas: pon antes un poco de solución de azúcar. O emplea el tanque de fermentación cuidadosamente: vierte la solución en la casi-cerveza, removiéndola suavemente para que se mezcle bien. Fija el grifo esterilizado al recipiente y rellena las botellas, también esterilizadas. Sufrir una contaminación en esta etapa sería como romperse el tobillo en los últimos 100 metros de una maratón. Utilizando una tapadora, fija con solidez las chapas, esterilizadas. Deja las botellas en algún sitio oscuro y fresco durante dos semanas; aunque comprobarás que a menudo una o dos más también son útiles.

Y para la próxima fase, muy probablemente no necesites ningún tipo de guía. Coge un par de cervezas frías, di «salud» y bebe la mejor cerveza que has probado nunca. Al menos hasta el próximo lote.

Cómo seguir estas recetas

—

Las recetas de cerveza vienen con su propio código; uno que habla de densidades, rendimientos, tiempos, pesos y porcentajes. Cuando has entendido cómo se corresponden con lo que tienes que hacer en casa, son sencillas (¡y puedes empezar a escribir las tuyas propias!).

Todas las recetas se crean pensando en las eficiencias y en el equipo, pues los mismos ingredientes pueden producir resultados diferentes en distintos equipos. Así que deberías considerar tu primera elaboración como una prueba. Guarda registros. El equipo es tan importante como los ingredientes, así como tomar medidas precisas, alcanzar objetivos, experimentar, practicar y ser consistente. Las recetas de este libro fueron creadas por cerveceros profesionales; si no puedes recrear un horario de maceración o un perfil de fermentación, adáptalos, pero ¡mantén los principios intactos!

Cuando se separa por etapas, el homebrewing parece bastante sencillo. Pero si profundizas en la ciencia que hay detrás, puede convertirse en una desconcertante masa de números, porcentajes, pesos y mediciones. Como con todos los hobbies, puedes llegar a ser tan geek como tú quieras. Pero no te asustes: empieza y, en poco tiempo, una agradable calma predominará en tus elaboraciones. La relación entre los ingredientes y sus propiedades se revelará. Tu equipo se convertirá en una extensión de tu cuerpo y sentirás la sincronía con la malta, los lúpulos y la levadura.

O, al menos, le habrás cogido el tranquillo. Sea como sea, el resultado es una cerveza excepcional. Existen buenas calculadoras para el homebrewing, tanto online como en aplicaciones, pero captar la ciencia detrás del arte conduce a una cerveza mejor. Solo necesitas unos rudimentos básicos de matemáticas para elaborar cerveza; y si no los tienes, ¿seguro que eres suficientemente mayor para beberla?

ABV objetivo

Alcohol en volumen (ABV, «alcohol by volume»). Esta es una medida vital: ¿podrás desayunar con tu cerveza o necesitarás unas horas para beberla? No obstante, el ABV tan solo es una meta, no una cifra garantizada. Para calcularlo, necesitarás las medidas de OG y FG (véase la p. 53), que a su vez también son metas. Una fórmula sencilla de homebrewing es: $ABV = (OG\text{-}FG) \times 131{,}25$. Usa las densidades específicas con una coma (esto es, 1,054). La relación entre la densidad y el ABV no es lineal, así que esta fórmula nunca llegará a ser completamente certera, especialmente con ABV altos. Utiliza un software o calculadora online para obtener una mayor precisión.

Rendimiento

Las recetas de este libro son para elaborar lotes de 20-22 litros. Es la cantidad que aspiras a meter en el fermentador; aunque incluso después de esta fase puede que se absorba un poco de líquido. El agua, la malta, los lúpulos y la levadura pueden efectivamente ajustarse al alza y a la baja para hacer más o menos cerveza, si esa es tu intención. La medida de rendimiento también es una meta; si es más alta o más baja, la gravedad y el ABV pueden desviarse.

OG y FG objetivo (densidad original y densidad final)

Estas son las dos metas más significativas en una receta de homebrewing. Nos permiten calcular el ABV y también son indicativas de la eficiencia de una elaboración. La FG nos indicará además en qué momento ha finalizado una fermentación. La «eficiencia de un equipo» es la habilidad que tiene su sistema para extraer los azúcares fermentables potenciales del grano, de principio a fin. Debido a que los ingredientes son distintos, la eficiencia no puede considerarse de manera uniforme entre elaboraciones. Todas las recetas de este libro asumen una eficiencia del 75 %, que no es un mal objetivo. Con el tiempo querrás tomar en consideración tus propias eficiencias y medirlas. Un buen software, como Beersmith, no tiene precio.

Grano

Las recetas de este libro recogen el peso del grano y su porcentaje. Si no quieres preocuparte aún por las eficiencias, utiliza los pesos; si conoces tu equipo y sabes la eficiencia que puedes alcanzar, utiliza los ratios y los resultados serán más precisos.

Maceración

La maceración es, simplemente, grano más agua. El agua macerada se divide en dos —agua de macerado y agua de lavado— y vas a tener que saber qué cantidad utilizar de cada una. Para calcular el agua de macerado, primero debemos calcular el espesor del macerado, a saber, el ratio agua:grano. Un ratio estándar es 2,6 l de agua por cada 1 kg de grist. Para calcular luego el agua de lavado hay que tener en cuenta, entre otras cosas, las pérdidas de agua por la absorción del grano, la absorción del trub, la absorción de los lúpulos (en ebullición y en dry hopping), los espacios muertos y la evaporación de la ebullición. Solo sabrás de verdad qué cantidad es probable que vaya a perder tu sistema después de un tiempo de ensayo y error. (Hervir agua durante una hora en tu caldera y medirla antes y después te servirá para conocer tu ratio de evaporación). Puedes asumir que 1 kg de malta absorbe 1 litro de agua. Así que para calcular el licor total, puedes añadirla hasta que llegues al volumen objetivo. Para conseguir el volumen de lavado, resta el volumen de maceración de este total. Como guía, probablemente necesites meter unos 7 litros extra por encima del rendimiento final en la caldera de ebullición.

Lúpulos

Algunas cerveceras de este libro especifican los porcentajes de alfa ácidos en sus recetas. Los alfa ácidos (AA) son componentes que se extraen de los lúpulos en la ebullición y aportan amargor a la cerveza. El amargor se mide en International Bitterness Units (IBU). Los AA y los IBU están relacionados: a más AA, mayores serán los IBU; una mayor cantidad de lúpulos o una ebullición más larga también aportan más IBU. Los alfa ácidos en las distintas variedades de lúpulos varían según la cosecha, así que para alcanzar los mismos IBU, las cantidades de lúpulos deberán ser ajustadas. Si necesitas ajustarlas, encontrarás la fórmula en la página 205. Y del mismo modo que con el grano, puede que no siempre puedas conseguir la variedad especificada en una receta, especialmente en momentos de escasez. Pero siempre hay alternativas.

Levadura

Muchas cerveceras utilizan sus propias cepas: las recetas del libro sugieren cepas comerciales de las que, naturalmente, puedes encontrar sustitutas. Utiliza alguna similar.

Fermentación

Cíñete a esta temperatura con tanta precisión como sea posible hasta que llegues a la FG y la fermentación haya finalizado.

Carbonatación

Introduce el peso correcto de azúcar para el priming a fin de darle a la cerveza finalizada la cantidad correcta de efervescencia. Esta varía en función de la temperatura, el volumen y el estilo de cerveza, así que es más fácil utilizar una calculadora online.

Wheat, Saison y Sour

—

Wheat, Weizen, Wit: el trigo malteado hace una cerveza fina y refrescante; el trigo crudo es más ácido. Las Saison son Ale francobelgas de origen rural, ligeras y espumosas, que integran los sabores añadidos a la perfección; mientras que las Sour utilizan distintas levaduras y bacterias que les otorgan un reconocible sabor ácido.

Bruery Terreux

Orange County, California, EE.UU.

BERET
RASPBERRY IMPERIAL SOUR WITBIER

▬

20 L | ABV **9 %**
OG **1,076** | FG **1,010**

Existen amantes de la cerveza artesana que no solo las compran y se las beben. Las compran, las guardan, las intercambian, las dejan añejar y, además, las exhiben (es de esperar que también se las beban). En el mundo del coleccionismo de cervezas raras, el nombre de una cervecera aparece una y otra vez: The Bruery (la línea de producto Terreux se creó para Sours en 2015). Categóricamente: no tienen IPA, pues el equipo de su fundador, Patrick Rue, se especializa en estilos añejados en barrica, ácidos, experimentales y madurados con fruta, además de recuperaciones de estilos y creaciones originales. Muchas de estas cervezas alcanzan su plenitud después de una guarda larga y oscura en madera. Sin embargo, la Beret puede fermentar en acero (o en un barril neutral de vino o en una damajuana) y disfrutarse fresca (aunque con el tiempo adquiere complejidad). La base es una delicada Wit belga, con una mínima lupulización, pero las bacterias lácticas y la levadura Brett la elevan a otro nivel. La Brett se adhiere a cualquier azúcar residual de la malta (y al de las frambuesas) y produce con ello sus sabores especiados, afrutados y de cuadra, marca de la casa. El cervecero Andrew Bell recomienda el uso de botellas robustas, capaces de resistir mucho CO_2 (deberías alcanzar una carbonatación de unos 2,75 volúmenes).

- -

GRANO
Malta Pilsner de Weyermann, 3,4 kg (60 %)

Trigo sin maltear de Great Western, 2,27 kg (40 %)

MACERACIÓN
67 ˚C durante 60 minutos

LÚPULOS
(60 minutos de cocción)

Magnum alemán 15,2 % AA, 6 g, lúpulo temprano

LEVADURA
White Labs WLP400 Belgian Wit Ale o Wyeast 3944 Belgian Witbier

Tu Lactobacillus brevis favorita (a los 12 días de fermentación)

Tu Brettanomyces bruxellensis favorita, 1.000.000 de células por ml (a los 12 días de fermentación)

FERMENTACIÓN
18 ˚C, luego deja que suba libremente; la fermentación completa y la acidificación tardarán alrededor de 2 meses

OTROS INGREDIENTES
Cilantro picado, 12 g, hiérvelo 10 minutos

Piel de naranja amarga, 12 g, hiérvela 10 minutos

Nutriente de levadura y Whirlfloc, hiérvelo 10 minutos

Puré de frambuesa, 726 g, o frambuesas enteras, 826 g, a los 12 días de fermentación primaria

Brooklyn Brewery

Brooklyn, Nueva York, EE.UU.

La historia de la Brooklyn Brewery es tan fascinante que merece un libro propio. Afortunadamente, ya tiene uno: *Beer School. Bottling Success at the Brooklyn Brewery*, que está lleno de anécdotas y detalles, hechos y cifras, historia y leyenda detrás de la empresa de Williamsburg, que sigue estando tan de moda que sus 30 años de bagaje parece que no le pesan. Brooklyn forma parte de la realeza de la cerveza artesana: fue fundada en 1988 por un excorresponsal en Oriente Medio aficionado al homebrewing (Steve Hindy) y un banquero (Tom Potter), y su incuestionablemente icónico emblema fue creado por Milton Glaser, el diseñador del logotipo I ♥ NY. El maestro cervecero Garrett Oliver la dirige desde 1994 y se ha convertido en una especie de autoridad en el mundo de la cerveza artesana. Brooklyn ha construido su reputación con su publicidad poco tradicional y sus cervezas sin complejos, entre las que se incluye la armoniosa y equilibrada East IPA, la Summer Ale, hecha para tomar al aire libre, y la mundialmente famosa Brooklyn Lager, que lleva sorprendiendo, intrigando y captando a bebedores de cerveza desde 1988 con su riqueza maltosa estilo Vienna.

Brooklyn Brewery

Brooklyn, Nueva York, EE.UU.

SORACHI ACE
US-HOPPED SAISON

—

20 L | ABV **7,2 %**
OG **1,062** | FG **1,008**

Una incorporación relativamente reciente a la gama de Brooklyn es su Sorach Ace, una Farmhouse Ale clásica belga con acento neoyorquino. Tradicionalmente, las Saison se elaboraban para los peones del campo de la industria agrícola de Valonia, con una selección de ingredientes bastante restringida —maltas y cereales europeos, lúpulos nobles bajos en alfa ácidos— pero son realmente divertidas de elaborar, ya que pueden acomodar una gran variedad de lúpulos y aderezos diferentes. Esta reinterpretación utiliza un solo lúpulo, el Sorachi Ace, de origen japonés pero adoptado en el noroeste de EE.UU.,

que aporta un carácter floral y alimonado como no encontrarás en ningún otro. Y la técnica en esta receta prueba que el uso escalonado del lúpulo durante la cocción puede despertar un gran abanico de sabores, desde el amargor en boca hasta el aroma. Un elemento esencial de las Saison es la levadura belga, que destaca por sus notas afrutadas, especiadas y estéricas. El resultado es una cerveza de color paja, refrescantemente carbonatada, una excelente compañera para las comidas y muy buena para saciar la sed: trabajar en el campo será tarea fácil después de un par de cervezas como esta.

- -

GRANO
Malta Pilsner, 5 kg (92 %)

MACERACIÓN
50 °C durante 10 minutos,
63 °C durante 60 minutos,
67 °C durante 15 minutos, mashout
a 75 °C. Extrae el mosto
a 1,054 SG y añade dextrosa

LÚPULOS
Sorachi Ace 12 % AA, 14 g,
60 minutos

Sorachi Ace 12 % AA, 14 g,
30 minutos

Sorachi Ace, 56 g, 0 minutos

Sorachi Ace, 84 g, dry hop
durante 5-7 días

LEVADURA
Wyeast 1214 Belgian Ale o
White Labs 500 Trappist Ale

FERMENTACIÓN
22 °C

OTROS INGREDIENTES
Dextrosa, 450 g (8 %)

8 Wired Brewing

Warkworth, Nueva Zelanda

SAISON SAUVIN
NZ-HOPPED SAISON

▬

20 L | ABV **7 %**
OG **1,055** | FG **1,002**

En Nueva Zelanda existe un dicho: todo puede hacerse con un poco de cable del número 8 —es decir, «8 wire»—. Se trata de un calibre utilizado para las cercas que se convirtió en un símbolo de la clásica actitud de manitas de los neozelandeses: adaptabilidad, recursos e ir a por ello. Parece que incluso es posible hacer una buena cerveza con cable del número 8, pues Søren Erisken ganó el premio a la mejor cervecera de Nueva Zelanda en 2011. Compara esta Saison, que contiene el único e inimitable lúpulo neozelandés Nelson Sauvin, con la Sorachi Ace de Brooklyn de la página 60 o la Saison à la Provision de Burning Sky de la página 68, y encontrarás grandes diferencias en la malta, el lúpulo, la levadura, las adiciones y las técnicas que se utilizan dentro del estilo. Un consejo de Søren: «La temperatura elevada al finalizar la fermentación es importante para una buena atenuación. Puedes utilizar muchos tipos de levadura, pero es importante alcanzar el extremo grado de atenuación que nos proporciona la 3711. Así que si utilizas un atenuador menor, añade hasta un 10 % de dextrosa en el fermentable. Además, una pequeña cantidad de dry-hopping con Nelson Sauvin nunca hace daño, aunque nosotros no lo hacemos así…». No hay sustituto para el Nelson Sauvin: esta cerveza no sería la misma sin él.

- -

GRANO
Malta Pilsner, 2,71 kg (59 %)

Malta Pale Ale, 1,06 kg (23 %)

Malta de trigo, 370 g (8 %)

Caramalt, 180 g (4 %)

Copos de trigo, 180 g (4 %)

Malta ácida, 90 g (2 %)

MACERACIÓN
Maceración a muy baja temperatura para obtener la atenuación requerida, 64 ˚C (o más baja si te sientes cómodo con ello), durante 60 minutos

LÚPULOS
(cocción de 60 minutos)

Nelson Sauvin, 42 g, lúpulo temprano

Nelson Sauvin, 84 g, whirlpool

Motueka, 42 g, whirlpool

LEVADURA
Wyeast 3711 French Saison

FERMENTACIÓN
Empieza la fermentación a 21 ˚C, luego deja que suba más o menos a 27 ˚C durante 4 o 5 días

Three Boys Brewery

Christchurch, Nueva Zelanda

THREE BOYS WHEAT
BELGIAN-STYLE WIT

━━━

20 L | ABV **5 %**
OG **1,050** | FG **1,012**

Nueva Zelanda es un país pequeño con una enorme perspectiva. Esto es especialmente cierto en la industria cervecera artesana de este país, que compite en la primera división mundial. Ralph Bungard, de Three Boys, es presidente del Gremio de Cerveceros de Nueva Zelanda y excientífico; una mente metódica e inquieta es muy útil en una práctica como la elaboración de cerveza, y Ralph ha ganado un montón de premios con sus cervezas de primer nivel (especialmente la Oyster Stout, hecha con algunos de los mejores bivalvos del mundo, procedentes de Bluff, en el sur de la isla de Nueva Zelanda). Three Boys es una cervecera premeditadamente pequeña, centrada en la calidad en vez del dominio global, y como en todas sus cervezas, esta Wheat es fiel a sus orígenes: sigue un estilo belga clásico con prominentes matices de levadura, una esponjosa espuma, cilantro y cítricos. Pero los cerveceros de Nueva Zelanda siempre tienen que imprimir su carácter en la cerveza, y aquí lo consiguen con la carga de lúpulo (entre ellos, el fresco y tropical Motueka) y con la incomparable piel de limón Meyer. El trigo en el tanque de maceración puede resultar pegajoso; ten en cuenta este detalle cuando lleves a cabo el lautering: puedes utilizar cáscaras de arroz para que no se pegue.

- -

GRANO
Malta Gladfield Light Lager, 2,01 kg (47 %)

Malta de trigo Gladfield, 1,34 kg (32 %)

Trigo crudo Gladfield, 670 g (16 %)

Malta Gladiator Pale Crystal Gladfield, 300 g (5 %)

MACERACIÓN
69 °C durante 60 minutos

LÚPULOS
Green Bullet 13,9 % AA, 7,5 g, 90 minutos

Motueka 7,5 % AA, 3,5 g, 10 minutos

Motueka 7,5 % AA, 10 g, 0 minutos

LEVADURA
Wyeast 3994 Belgian Wit

FERMENTACIÓN
20 °C

OTROS INGREDIENTES
Piel de limón Meyer fresca, 22 g, hiérvela durante 5 minutos

Cilantro molido, 33 g, hiérvelo durante 5 minutos

three boys

Wheat

Three Boys Wheat evokes ancient abbey ales, when yeasty wort-
spices instead of hops were added for bitterness. We use ground-
ment that with the wheat malt produces the authentic frothy head
Breadiness and huge flavours sought in this wit bier (white beer).
The addition of coriander and citrus zest really make this beer special.

Brew By Numbers

Bermondsey, Londres, Inglaterra

01|01 CITRA SAISON
HOPPY SAISON

▬

20 L | ABV **5,5 %**
OG **1,044** | FG **1,002**

Posiblemente ya te hayas dado cuenta de que elaborar cerveza tiene mucho que ver con los números; pero en este caso significan algo distinto. Esta innovadora cervecera de Londres fue creada en 2011 por parte de dos entusiastas homebrewers, Tom Hutchings y Dave Seymour, que quisieron hacer las cosas bien desde un buen principio. Un viaje a la región de los Países Bajos les descubrió la gran variedad de cervezas idiosincráticas que se producían allí, y de vuelta en el Reino Unido se pusieron a hacer las suyas propias, con el rigor y la atención al detalle de los belgas, pero con una imaginación ilimitada. Los «números» a los que hace referencia su nombre son un sistema de catalogación único: la primera parte indica el estilo (08 es Stout, 14 es Tripel; a modo de ejemplo) y la segunda indica la receta: 05|08 es una Mosaic IPA. Y así es como todo empezó, con la Citra Saison. Las Saison tradicionales no incluyen de ninguna manera lúpulo Washington, pero, así como en la Sorachi Ace de Brooklyn (véase la p. 60) y la Saison Sauvin de 8 Wired (véase la p. 63), el estilo se adapta a la perfección al mismo. El buqué, que parece casi propio de una frutería, con lichi, pomelo y melón del Citra, es perfecto para esta Saison ligera, suave y espumosa.

- -

GRANO
Malta Maris Otter Pale Low-Colour, 1,35 kg (36,5 %)

Malta Pilsner, 1,08 kg (29 %)

Malta de trigo, 810 g (22 %)

Copos de trigo, 270 g (7,5 %)

MACERACIÓN
65 °C durante 60 minutos

LÚPULOS
Hallertauer Magnum 12,9 % AA, 5 g, 60 minutos

Citra 12 % AA, 10 g, 10 minutos

Citra 12 % AA, 10 g, 5 minutos

Citra 12 % AA, 50 g, al terminar la ebullición. Infusiónalo durante 10 minutos antes de enfriarla

LEVADURA
Wyeast 3711 French Saison, o alguna otra levadura Saison de tu elección

FERMENTACIÓN
24 °C, idealmente aguántala durante 48 horas y luego deja que suba libremente, manteniéndola preferiblemente a 27 °C

OTROS INGREDIENTES
Dextrosa, 180 g (5 %), añadida lentamente cuando el mosto empieza a hervir para asegurarse de que se disuelve pero no se quema

Semillas de cilantro machacadas, 10 g, hiérvelas durante 5 minutos

Burning Sky Artisan Brewers and Blenders

Firle, Sussex, Inglaterra

SAISON À LA PROVISION
SAISON

———

20 L | ABV **6,5 %**
OG **1,052** | FG **1,002**

El cervecero del año de 2014 según la British Guild of Beer Writers, Mark Tranter, fue uno de los fundadores de Dark Star (véase la p. 140). Aún siguen haciendo grandes cervezas, pero Mark ha centrado su pasión en otra parte. En 2013 montó Burning Sky como, literalmente, un proyecto a largo plazo: su foco principal son las cervezas añejadas en madera y en tinas; utiliza levaduras que se toman su tiempo para hacer un producto que no tiene prisa en madurar. Algo que podríamos llamar slow-brewing. Las Saison son unas de las favoritas de Mark, y esta Saison à la Provision es producto del amor. «Tenemos foudres de roble francés que construyeron para nosotros y que se utilizan solo para esta cerveza —explica—. Los trasvasamos a ellos después de una semana de fermentación primaria y envejecemos la cerveza durante tres meses. Las "levaduras silvestres" se instalan en la madera; en consecuencia, la cerveza se desarrolla constantemente, lote a lote. Para los homebrewers, a menos que tengan un barril de vino, lo mejor es probar de envejecer la cerveza con espirales o virutas de roble francés ligeramente tostadas. Nuestra cepa de levadura Saison, sumada al Brett/Lacto, no se comercializan en viales, ya que se cosecharon de distintas procedencias. Para el Brett, habría que elegir una variedad suave».

GRANO
Malta Pilsner, 3,9 kg (85 %)

Malta de trigo, 220 g (5 %)

Malta de espelta, 220 g (5 %)

Cara Gold, 220 g (5 %)

MACERACIÓN
65 °C durante 60 minutos

LÚPULOS
East Kent Goldings 3,75 % AA, 25 g, 75 minutos

East Kent Goldings 3,75 % AA, 12 g, 15 minutos

Saaz, 23 g, 0 minutos

Celeia, 23 g, 0 minutos

Sorachi Ace, 25 g, 0 minutos

LEVADURA
Una cepa de Saison: fermentación primaria

Brettanomyces: inocúlala cuando la SG llegue a 1,015

Lactobacillus: inocúlala cuando la SG llegue a 1,015

FERMENTACIÓN
Empieza a 22 °C y deja que suba a 25 °C para obtener una cerveza más limpia, menos fenólica

Lagunitas Brewing Company

Petaluma, California, EE.UU.

LITTLE SUMPIN' SUMPIN'
PALE WHEAT ALE

—

20 L | ABV **7,5 %**
OG **1,070** | FG **1,016**

El condado de Sonoma es un sitio despreocupadamente bonito. Tiene montañas y riachuelos, espectaculares playas y ese clima soleado de California. La Lagunitas Brewing Company, fundada en 1993, tiene su sede justo allí, donde generalmente organizaba reuniones informales en su taproom, exactamente a las 16.20, todos los jueves por la tarde. Si entiendes el significado de esa hora, posiblemente seas tan relajado como lo son los habitantes de Sonoma. Lagunitas es ahora una de las mayores cerveceras en cuanto a operatividad en EE.UU., pero sus cervezas siguen siendo perfectas para ponerse cómodo: su IPA es un ejemplo sin igual del tipo de cerveza que empezó la revolución craft desde la costa oeste de Estados Unidos hace tantos años. Esta Little Sumpin' Sumpin' tiene una alta proporción de trigo, lo que le otorga una sensación en boca suave y sedosa; la explosión de lúpulos pináceos aromáticos te indica que huele tan bien como sabe. Evita un atasco en el lavado cuando la elabores, macerándola suavemente y dejando que el líquido fluya con libertad. Lagunitas filtra la Little Sumpin' Sumpin', algo que también puedes hacer tú para obtener mayor claridad en el vaso (las tiendas de homebrewing venden el equipamiento necesario). Esta cerveza es ideal para hopheads (o realmente para cualquiera).

GRANO
Malta Pale Ale americana de 2 carreras, 3,23 kg (50 %)

Malta de trigo americana, 2,46 kg (38 %)

Trigo torrefacto inglés, 720 g (11 %)

Malta de trigo tostada alemana, 80 g (1 %)

MACERACIÓN
65,5 °C durante 60 minutos, mashout a 75 °C

LÚPULOS
Pellets de Nugget 9 % AA, 9 g, 90 minutos

Pellets de Horizon 12,5 % AA, 1,5 g, 90 minutos

Pellets de Summit 17,5 % AA, 1,5 g, 90 minutos

Pellets de Willamette 5,2 % AA, 7 g, 45 minutos

Pellets de Santiam 5,6 % AA, 23 g, 15 minutos

Pellets de Willamette 5,2 % AA, 8 g, 15 minutos

Pellets de Cascade, Centennial y Simcoe, 20 g de cada uno, dry hop

Pellets de Chinook, 24 g, dry hop

Pellets de Columbus, 13 g, dry hop

Pellets de Amarillo, 15 g, dry hop

LEVADURA
White Labs WLP002 English Ale

FERMENTACIÓN
17–18 °C durante 36 horas, luego a 20 °C durante 36 horas, luego a 21 °C hasta el final

OTROS INGREDIENTES
Añade sulfato de calcio si el agua de tu zona es particularmente baja en minerales

Freigeist

Cologne, Alemania

KÖPENICKIADE
BERLINER WEISSE

—

20 L | ABV **3,5 %**
OG **1,037** | FG **1,010**

La elaboración de cerveza en Alemania tiene una historia única en cuanto a su regulación. La ley de pureza Reiheitsgebot ya de obligado cumplimiento, pero la industria se mantiene regionalizada: las saladas Gose se elaboran en Leipzig, las Altbier en la cuenca baja del río Rin. Braustelle, no obstante, es una cervecera pequeña e innovadora de Colonia que hace cervezas que reverencian el pasado y, a la vez, miran hacia el futuro; desde su filial experimental Freigeist («espíritu libre») nos traen esta interpretación moderna de una Berliner Weisse. Estas cervezas, cada vez más populares, son ácidas (por las bacterias Lacto), refrescantes (bajo alcohol, maltas ligeras) y fáciles en cuanto a lúpulos. Esta versión sustituye el tradicional trigo por malta de espelta, un cereal sin gluten que añade un ligero sabor a frutos secos. Las técnicas aquí son bastante avanzadas. Prepara un starter con el Lacto antes de inocularlo. El pH del mosto debería ser inferior a 4,5 a fin de asegurar unas condiciones óptimas para su desarrollo. Además, necesitarás mantener una temperatura elevada durante la fermentación. Partir el mosto no es un método tradicional, pero hace que los resultados sean mucho más predecibles (y que siga teniendo un sabor genial). El estilo responde positivamente a las adiciones de fruta, y envejece bien en botella.

GRANO
Malta Pilsner, 1,52 kg (50 %)

Malta de espelta, 1,1 kg (36 %)

Carapils, 430 g (14 %)

MACERACIÓN
63 ˚C durante 30 minutos, luego a 72 ˚C durante 30 minutos; mashout a 78 ˚C

LÚPULOS
Saphir, 10 g, 60 minutos

Saphir, 10 g, 0 minutos

LEVADURA
Fermentis K97 German Wheat, y White Labs WLP677 Lactobacillus

FERMENTACIÓN
Divide el mosto hervido en dos tanques de fermentación separados. Inocula Fermentis K97 en uno (a 20 ˚C) y Lactobacillus en el otro (35 ˚C). Después de la fermentación primaria, trasvasa ambos a un tanque de fermentación secundaria. Déjalo a 20 ˚C durante 10 días. Acondiciónalo a 4 ˚C durante 14 días

Baladin

Farigliano, Piamonte, Italia

OPEN WHITE
BIERE BLANCHE

—

20 L | ABV **5 %**
OG **1,051** | FG **1,016**

Te costaría muchísimo encontrar algún lugar del mundo donde se tomen la comida y la bebida tan en serio como en Italia: parece como si cada italiano entendiera la importancia de la tierra y lo que se produce en ella. Piensa en Baladin como parte del brazo cervecero del movimiento Slow Food. Cerezas locales, peras, azahar, calabaza y miel de brezo se utilizan en las cervezas de su fundador, Teo Musso, que a menudo se presentan en tamaño magnum para que se compartan de manera adecuada en las comidas. Teo también se toma la cooperación y la colaboración a pecho, y de ahí nacen las Open Series de cervezas fruto del crowdsourcing. Aquí es donde la Open White entra en escena: la versión de Baladin de una Bière Blanche utiliza malta de trigo, además de trigo crudo, tradicional en las Bière Blanche belgas; y también se le aplica dry-hopping. La naranja y el cilantro, sin embargo, la hacen nuevamente más próxima a Bruselas; asimismo destaca el uso de la genciana, una raíz particularmente amarga que antedata a los lúpulos como agente de sabor en la cerveza. No utilices clarificantes en esta receta, pues la levadura en suspensión y la turbidez son un aspecto importante en las cervezas blancas; además, debería estar bien carbonatada para obtener una gruesa y esponjosa corona de espuma que el trigo ayuda a mantener.

GRANO
Malta Pilsner, 4,17 kg (87 %)

Trigo crudo, 440 g (9 %)

Malta German Weizen, 180 g (4 %)

MACERACIÓN
Mash in a 50 °C; luego 48 °C durante 20 minutos; 62 °C durante 40 minutos; 69 °C durante 20 minutos; mashout a 78 °C

LÚPULOS
Perle 8 % AA, 2 g, 90 minutos

Perle 8 % AA, 3 g, 45 minutos

Mittelfrüh 5 % AA, 8 g, 45 minutos

Perle 8 % AA, 3 g, 0 minutos

Amarillo 8 % AA, 12 g, dry hop

LEVADURA
Wyeast 3942 Belgian Wheat

FERMENTACIÓN
20 °C, luego trasvásala y añade el dry-hopping y el segundo lote de especias. Reduce la temperatura a 4 °C durante 15-20 días antes de embotellarlas

OTROS INGREDIENTES
Piel de naranja dulce, 2 g; piel de naranja amarga, 2 g; cilantro molido, 22 g, debe añadirse al final de la ebullición. Déjalos durante 30 minutos

Cilantro molido, 4 g; raíz de genciana, 1g, añádelos con el dry-hopping al final de la fermentación

Crooked Stave Artisan Beer Project

Denver, Colorado, EE.UU.

ORIGINS
BURGUNDY SOUR ALE

▬

20 L | ABV **6,5 %**
OG **1,053** | FG **1,006**

En un momento en que el mundo de la cerveza artesana empieza a apreciar el poder de la acidez, un nombre está a la vanguardia de esta expedición moderna hacia los estilos clásicos belgas y franceses. Chad Yakobson fundó Crooked Stave en 2010, después de pasarse años estudiando la ciencia de la fermentación (lee sus disertaciones online para una profundidad sin igual). Pocos cerveceros tienen tal conocimiento sobre la misteriosa levadura Brettanomyces y sus parientes silvestres, y sus cervezas son muy buscadas y admiradas. Algunas veces son exigentes, pero siempre sofisticadas, elaboradas con respeto a la tradición y con un constante deseo de progreso. Esta es la receta de Chad en su interpretación de una Flanders Red. Utiliza lúpulos de perfil bajo y bajos en AA, como el Hallertau o alguno de sus parientes del Nuevo Mundo (por ejemplo, el Mt Hood): hay que evitar el amargor. Se requiere habilidad y tiempo después de la primera fermentación. Las Flanders Red consiguen sus características notas ácidas/afrutadas/vinosas después de largos periodos de envejecimiento en roble (aunque puedes reemplazarlo por cristal y virutas de roble). A continuación, es típico mezclar los distintos lotes para equilibrar los sabores extremos y maximizar la complejidad: ¡un proceso que se vuelve más fácil con la experiencia!

GRANO
Malta Pale Ale de 2 carreras, 1,65 kg (35 %)

Malta Vienna, 1,65 kg (35 %)

Carahell, 660 g (14 %)

Caramunich I, 330 g (7 %)

Malta Special B, 330 g (7 %)

Carafa Special 2 (sin cáscara), 90 g (2 %)

MACERACIÓN
Mash in a 65 °C. Déjala reposar durante 30 minutos. Recircúlala durante 10 minutos. Mashout a 75-76 °C durante 10 minutos

LÚPULOS
(ebullición de 90 minutos)

Lúpulo con 6 % AA, 11 g, lúpulo temprano

Lúpulo con 6 % AA, 11 g, 30 minutos

LEVADURA
Para la fermentación primaria, algo limpio. Luego añade un cultivo mixto de Brettanomyces y bacterias Lactobacillus

FERMENTACIÓN
Para una fermentación primaria limpia, sigue las temperaturas estándar para las Ale. Después, déjala envejecer en roble a 17-19 °C durante 12-18 meses. Los reposos especialmente largos en madera pueden requerir levadura adicional antes de embotellarla (algo potente, pero limpio)

Red, Amber y Rye

—

La malta Caramel da a la cerveza una tonalidad rica y castaña, además de sabores cálidos y tostados. El centeno, en pequeñas cantidades, es reconocible por su carácter terroso y especiado, y poco a poco va ganando protagonismo en las cervezas artesanas.
Las Amber se encuentran entre las Lager y las Ale, con una presencia evidente de malta y un nivel de alcohol medio.

Anchor Brewing

San Francisco, California, EE.UU.

ANCHOR STEAM BEER
STEAM BEER/CALIFORNIA COMMON

---

20 L | ABV **4,5 %**
OG **1,050** | FG **1,016**

La historia de Anchor Brewing es la de la cerveza artesana en América. La fundó en California un maestro cervecero alemán en 1896, en una época en que toda la elaboración de cerveza era artesana (no había otra manera de hacerla). La Ley Seca restringió la actividad de Anchor desde 1920, y el desplazamiento nacional hacia el consumo de las Lager de producción masiva amenazó su existencia a finales de la década de 1950; pero por suerte sigue viva, y es más popular que nunca. Anchor elabora numerosas buenas cervezas en su encantadoramente anticuada cervecera de San Francisco, muchas de ellas siguiendo el espíritu pionero de sus fundadores (la Liberty Ale resultó ser el modelo de las futuras IPA de estilo americano, de las que el mundo parece no cansarse hoy en día; la California Lager es fiel a los estándares de los pioneros del siglo XIX). La cerveza que dio nombre a Anchor −Steam− es una recuperación en la década de 1970 del estilo tradicional California Common, que estaba prácticamente extinto en esos momentos. En la actualidad es una cerveza venerada, con sus propias cepas de levadura y una mezcla de lúpulos que está hecha a medida para su perfil (Northern Brewer de EE.UU., con su carácter mentolado y pináceo). La Anchor Steam Beer es pura historia líquida.

- -

GRANO
*Malta Pale Ale de 2 carreras,
4,1 kg (87 %)*

*Malta Crystal 40 l,
600 g (13 %)*

MACERACIÓN
65 °C durante 60 minutos

LÚPULOS
*Pellets de Northern Brewer
de EE.UU. 9,6 % AA, 14 g,
60 minutos*

*Pellets de Northern Brewer
de EE.UU. 9,6 % AA, 7 g,
20 minutos*

*Pellets de Northern Brewer
de EE.UU. 9,6 % AA, 14 g,
0 minutos*

LEVADURA
*White Labs WLP810
San Francisco Lager o
Wyeast 2112 California Lager*

FERMENTACIÓN
*16 °C durante 7 días,
luego 19 °C durante 3 días.
Guárdala en frío durante
aproximadamente 2 semanas
antes de servirla*

Saint Arnold Brewing Company

Houston, Texas, EE.UU.

BLUE ICON
RYE IPA

—

20 L | ABV **7,8 %**
OG **1,067** | FG **1,013**

Otro homebrewer que dio el paso a professional (hay muchos en este libro), Brock Wagner era un profesional de la banca de inversión cuando fundó Saint Arnold en 1994; ahora es la cervecera artesana más antigua de Texas, pero sus nuevos lanzamientos se siguen esperando con fervor, especialmente los que forman parte de la gama limitada Icon. Brock aportó una mente de negociante a la elaboración de cerveza, llevó su empresa a todo el estado y luego a través del Sur Profundo hacia Florida. No obstante, sin una buena cerveza, una buena planificación de negocio son solo números en una página, y puedes estar seguro de que Saint Arnold hace buena cerveza. Esta,

concretamente, es de la serie Icon y utiliza dos tipos de centeno —Malta de centeno de Weyermann y la más rica y oscura CaraRye— para obtener un sabor especiado y más redondo. Pero no todo termina con el centeno; la Victory de Briess es una malta Biscuit, tostada muy ligeramente, que añade sabores a «pan horneado» sin conceder demasiado color. Las grandes adiciones de lúpulo (especialmente el Mosaic al final) le dan un auténtico carácter West Coast a esta cerveza. Ten en cuenta que se hace dry hopping dos veces: una vez en caliente, la otra en el momento del cold crash para conseguir una mayor retención de los aceites del lúpulo.

- -

GRANO
Malta Pale Ale de 2 carreras Rahr, 5,44 kg (79 %)

Malta de centeno Weyermann, 900 g (13 %)

CaraRye Weyermann, 340 g (5 %)

Carapils Briess, 114 g (1,5 %)

Victory Briess, 114 g (1,5 %)

MACERACIÓN
67 ˚C durante 60 minutos

LÚPULOS
(ebullición de 60 minutos)

Columbus 16,3 % AA, 34 g, lúpulo temprano

Columbus 16,3 % AA, 34 g, lúpulo temprano

Simcoe 13 % AA, 8,5 g, 15 minutos

Chinook 10,5 % AA, 6 g, 15 minutos

Chinook 10,5 % AA, 21 g, 0 minutos

Cascade 6,5 % AA, 21 g, 0 minutos

Mosaic 11,5 % AA, 64 g, dry hop en caliente, a 2 o 3 puntos de SG respecto a FG

Mosaic 11,5 % AA, 14 g, dry hop en frío 5 días antes de envasar

LEVADURA
White Labs WLP007 Dry English Ale

FERMENTACIÓN
21 ˚C, cold crash a 0 ˚C durante 7 días, antes de envasar

Brewfist

Lombardía, Italia

CATERPILLAR
AMERICAN PALE ALE WITH RYE

20 L | ABV **5,8 %**
OG **1,055** | FG **1,011**

Junto con Baladin (véase la p. 74) y Del Ducato (véase la p. 168), Brewfist es la prueba de que Italia merece su lugar de privilegio entre los cerveceros artesanos europeos. Brewfist es menos evidentemente italiana que las otras dos: su nombre sugiere algo de imponencia y predominio, y en efecto se concentra en las Ale de estilo americano (como la Spaceman IPA o la X-Ray Imperial Porter), además de en colaboraciones con cerveceros artesanos de renombre como Prairie y To Øl. Una de estas últimas (con los daneses Beer Here) resultó en esta receta inspirada por el clásico Alicia en el País de las Maravillas, y es una combinación ganadora: mal-

tas contundentes y un buen golpe de lúpulos del resinoso Columbus de EE.UU. y del tropical y cítrico Motueka de Nueva Zelanda. Este es un gran ejemplo de cómo el centeno, incluso en pequeñas cantidades, puede aportar su personalidad a una cerveza: un 10 % le insufla una suave, terrosa y especiada sequedad, pero en proporciones mayores se vuelve más asertiva. Aviso de una oruga: esta es una gran cerveza para probarla como una de tus primeras elaboraciones, con solo dos variedades de lúpulo utilizadas de manera inteligente durante la ebullición, y suficiente complejidad para que las cosas se mantengan interesantes.

GRANO
Malta Pale Ale, 3,96 kg (80 %)

Malta de centeno, 500 g (10 %)

Caramalt, 300 g (6 %)

Malta Crystal 10 l, 100 g, (2 %)

Malta de trigo, 100 g (2 %)

MACERACIÓN
66 °C durante 45 minutos,
78 °C durante 5 minutos

LÚPULOS
Motueka, 30 g, 10 minutos

Columbus, 8 g, 10 minutos

Motueka, 30 g, whirlpool

Columbus, 8 g, whirlpool

Motueka, 30 g, dry hop

Columbus, 15 g, dry hop

LEVADURA
Danstar Nottingham Ale

FERMENTACIÓN
20 °C

Two Birds Brewing

Spotswood, Victoria, Australia

———

Quizá por la desafortunada reputación de la cerveza como una bebida exclusivamente para hombres, la percepción es que elaborarla es solo cosa de ellos. Pero no es cierto: cada vez más mujeres se cuidan de maceraciones y ebulliciones, y la ausencia de prejuicios que impera en el mundo de la cerveza artesana rompe cualquier barrera de entrada ya anticuada, tanto para las bebedoras como para las elaboradoras. Pero lo que es poco habitual es una cervecera fundada y puesta en marcha solo por mujeres. Jayne Lewis y Danielle Allen montaron Two Birds en 2011, después de un revelador viaje al corazón de la cerveza artesana de la costa oeste de EE.UU.; y en 2014 abrieron The Nest, una entregada cervecera con tasting room en Spotswood, un suburbio de Melbourne, Australia. Pero cuando pruebes sus cervezas, te darás cuenta de que no importa si las hacen australianos o australianas:

son sencillamente geniales. El éxito de la cervecera se construye sobre una gama base que incluye su buque insignia, la Golden Ale, la Sunset Red Ale (véase la p. 89) y la Taco Beer, hecha con trigo, maíz, lima y cilantro, que es tan tentadora como suena. En los grifos de la cervecera puedes encontrar las creaciones más inverosímiles, como la Rhubarb Saison o la Red Ale con vainilla y cacao; pero ¿qué es la experimentación sin consistencia? No será la Tripel especiada y envejecida en barrica la que se ganará a ese 99 % de la población que aún no bebe cerveza artesana. Y después de un día duro en el trabajo, posiblemente no vayas a por esa IIPA de 120 IBU. Two Birds no hace cerveza para geeks, sino para todo el mundo. Hacer esto y ganar premios, y ver cómo se expanden año tras año, puede decirse que es más complicado que hacer continuamente cervezas rompedoras.

Two Birds Brewing

Spotswood, Victoria, Australia

SUNSET ALE
RED ALE

▬

20 L | ABV **4,6 %**
OG **1,048** | FG **1,014**

La Sunset Ale es la segunda creación de Jayne y Danielle como Two Birds. Es una Red o Amber Ale (la diferencia entre ambas es insignificante, así que no vale la pena hablar de ella) de estilo americano, aunque «sunset» resume mucho mejor el color (deleitaría a un pastor, eso seguro). Ha ganado multitud de premios en Australia por su rico sabor a bizcocho y caramelo (procedentes de las maltas Munich y Amber) y la combinación cítrica de lúpulos estadounidenses y locales. Las Amber/Red Ale se diseñan para que tengan un cuerpo más intenso y una maltosidad más envolvente que las Pale Ale, pero siguen siendo equilibradas y perfectas para apagar la sed y, junto con el estilo Summer Ale, son ideales para el cálido clima australiano. El puñado de trigo en el conjunto del grano asegura que la espuma de la Sunset Ale perdure hasta la última gota, mientras que el trío de Citra/Cascade/Galaxy al final de la ebullición aporta un contundente final de piel cítrica. Una de las dos fundadoras, Jayne Lewis, fue anteriormente cervecera jefe de Mountain Goat (véase la p. 95) y, junto con su Hightail, la Sunset reúne todas las virtudes de las Session Ale australianas.

GRANO
Malta Traditional Ale, 2,71 kg (63 %)

Malta Munich, 640 g (15 %)

Malta Crystal Pale, 340 g (8 %)

Malta Amber, 210 g (5 %)

Malta de trigo, 210 g (5 %)

Malta Crystal Dark, 80 g (2 %)

Malta tostada, 80 g (2 %)

MACERACIÓN
67-68 °C durante 40 minutos

LÚPULOS
Centennial, 2 g, 60 minutos

Citra, 7 g, 20 minutos

Cascade, 7 g, 20 minutos

Galaxy, 7 g, 20 minutos

Citra, 5 g, final del whirlpool

Cascade, 5 g, final del whirlpool

Galaxy, 5 g, final del whirlpool

Citra, 13 g, dry hop

Cascade, 13 g, dry hop

Galaxy, 13 g, dry hop

LEVADURA
Fermentis US-05 American Ale

FERMENTACIÓN
18 °C

Brú

Trim, condado de Meath, Irlanda

RUA
IRISH RED ALE

—

20 L | ABV **4,2 %**
OG **1,044** | FG **1,011**

El nombre de esta cervecera se pronuncia tal como te imaginas: pero por una afortunada coincidencia, proviene del gaélico «Brú na Bóinne», un yacimiento funerario prehistórico que se encuentra en el norte de Dublin, en el condado de Meath. En un país con una joven pero próspera industria de cerveza artesana, Brú mira con un ojo a la tradición y con el otro al resto del mundo; solo hay que fijarse en su interpretación de la mundialmente famosa Irish Dry Stout (Dubh, que significa «negro») y en esta Red Ale. Las Irish Red Ale son un estilo único, similar a las Scottish Ale (más cremoso que la mayoría de las Bitter inglesas), lo bastante suave para disfrutar de unas cuantas pintas, con una profunda tonalidad de color cobre fruto de la combinación entre maltas Crystal pálidas y oscuras. Las Irish Red Ale estándares tienen una carga de lúpulo modesta, pero la Rua de Brú adopta matices afrutados y florales del lúpulo clásico estadounidense, el Cascade, para conseguir un toque moderno. Los cerveceros recomiendan cuatro cucharaditas de Irish Moss (véase la p. 33 y la p. 200) cuando queden diez minutos de ebullición para mantener la cerveza brillante, y añaden: «La fermentación a 25 °C genera un montón de ésteres, que ayudan a destacar el aroma a lúpulo y a mejorar el sabor».

GRANO
Malta Pale Ale irlandesa,
3,47 kg (86 %)

Malta Crystal 150 l, 280 g (7 %)

Trigo torrefacto, 280 g (7 %)

MACERACIÓN
70 °C durante 60 minutos

LÚPULOS
Magnum, 27 g, 60 minutos

Cascade, 20 g, 10 minutos

Cascade, 20 g, 0 minutos

LEVADURA
Danstar Nottingham Ale o White Labs WLP039 Nottingham Ale

FERMENTACIÓN
25 °C

Lervig Aktiebryggerie

Stavanger, Noruega

RYE IPA

RYE IPA

▬

20 L | ABV **8,5 %**
OG **1,076** | FG **1,013**

Mike Murphy es uno de los cerveceros que más ha viajado en Europa. Para empezar, nació en Pennsylvania, donde las leyes sobre el alcohol se encuentran entre las más infames de todo EE.UU. Después de iniciarse como homebrewer, trabajó profesionalmente en Italia y Dinamarca (incluso elaborando cerveza para Mikkeller), antes de terminar en el sudoeste de Noruega como maestro cervecero de Lervig, una de las mayores y mejores cerveceras de su país. Con el típico estilo internacionalista escandinavo, ha colaborado con gran multitud de cerveceras (véase la p. 154 para la Imperial Porter de Lervig y Pōhjala) y ahora está ocupado manteniendo a Noruega en el mapa internacional de la cerveza artesana con cervezas que van desde una Pilsner tipo Carlsberg mejorada a la Lucky Jack APA o esta Rye IPA. Es suficientemente fuerte para ser considerada una Double IPA, pero su elevada graduación desafía tanto al amargor del lúpulo como al sabor sin igual del centeno. El centeno puede utilizarse en porcentajes incluso superiores al 50 en algunas mezclas de grano, pero aquí, justo por debajo de 20, hace que su carácter especiado seco se presente sutil, pero firme. Hay quien muele la malta de centeno separadamente del resto del grist para obtener un tamaño de grano más fino.

- -

GRANO

Malta Pilsner, 4,93 kg (74 %)

Malta de centeno, 1,27 kg (19 %)

Avena cruda, 200g (3 %)

Malta Crystal 10 l, 130 g (2 %)

Malta Crystal 150 l, 130 g (2 %)

MACERACIÓN

Mash in a 61 ˚C, déjala reposar a 68 ˚C durante 45 minutos, mashout a 78 ˚C

LÚPULOS

Un buen lúpulo de amargor para alcanzar los 65 IBU, esto es, 65 g de lúpulo 10 % AA, 60 minutos

Centennial, 24 g, 30 minutos

Chinook, 29 g, 15 minutos

Citra, 29 g, 10 minutos

Simcoe, 29 g, 0 minutos

Simcoe, Citra, Centennial, 29 g de cada uno, dry hop

LEVADURA

Una cepa de American Ale

FERMENTACIÓN

20 ˚C

Mountain Goat Beer

Richmond, Victoria, Australia

HIGHTAIL ALE
BRITISH-INSPIRED PALE ALE

---

20 L | ABV **4,5 %**
OG **1,043** | FG **1,009**

Los australianos tienen el hábito de coger las invenciones de los ingleses y mejorarlas sin esfuerzo alguno. El críquet es un buen ejemplo de ello, como también lo es el rugby. Aquí está otra: la Hightail Ale de Mountain Goat. La cervecera de Victoria cogió la clásica Bitter británica y la revolucionó, como lo hiciera en su momento el jugador Shane Warne con el críquet, conservando la calidez de la malta y el equilibrio que convierte este estilo en una gran cerveza de sesión, pero añadiendo un montón de lúpulos florales del Nuevo Mundo (el Pride of Ringwood es el lúpulo de adición temprana por antonomasia en Australia). También tiene un cuerpo completo (procedente de la mezcla entre la malta Crystal y la pequeña porción de trigo). Al ser una de las primeras cerveceras de la nueva ola en Australia (fundada en 1997), Mountain Goat ha tenido mucho tiempo para perfeccionar su Hightail y sus otras despreocupadas cervezas, como la New World Summer Ale o la Fancy Pants Amber Ale. Si algún día estás en el centro de Melbourne, acércate al Goat Bar de Richmond y prueba la gama completa (más las ediciones limitadas «Rare Breed») en grifo. Un último consejo de Dave, cervecero de Goat: «¡Carbonátala suavemente y bebétela fresca!». La Hightail, por cierto, es perfecta para ver un partido de críquet.

GRANO
Malta Pale Ale, 2,55 kg (69 %)

Malta Munich, 510 g (14 %)

Malta Crystal Medium, 240 g (8,5 %)

Malta de trigo, 200 g (5,5 %)

Malta Crystal Dark, 80 g (2 %)

Malta tostada, 30 g (1 %)

MACERACIÓN
67,5 °C durante 30 minutos

LÚPULOS
Pride of Ringwood, 20 g, 60 minutos

Cascade, 50 g, 0 minutos

Galaxy, 10 g, 0 minutos

LEVADURA
Wyeast 1056 American Ale

FERMENTACIÓN
21 °C

Pale Ale, IPA y Lager

—

Las Pale Ale son equilibradas y muy bebibles, con sus lúpulos aromáticos. Las IPA son más potentes en lúpulo (que, en su origen, servía para que no se estropeara la cerveza durante las largas travesías marítimas), normalmente con dry hops, y más fuertes. Las Lager son claras y refrescantes, hechas en su mayoría con levadura de baja fermentación.

Evil Twin

Brooklyn, Nueva York, EE.UU.

BIKINI BEER
AMERICAN IPA

—

20 L | ABV **2,7 %**
OG **1,026** | FG **1,006**

El gemelo que aparece en el nombre de esta pionera cervecera «gypsy» (o nómada) danesa es Jeppe Jarnit-Bjergsø; la otra mitad de la pareja es Mikkel Borg Bjergsø, fundador de la pionera cervecera gypsy danesa Mikkeller (véase la p. 108). Les separa un océano ahora mismo: Jeppe diseña sus atrevidas cervezas desde Brooklyn (su fenomenal productividad incluye la Orange Stout The Talented Mr Orangutan y la Pale Ale Ryan And The Gosling). Esta Bikini Beer no es una cerveza de desayuno, sino más bien una de mesita de noche, pero sus inocentes 2,7 % ABV esconden un tremendo golpe de lúpulo, la mayoría del cual se debe al Falconer's Flight, un pellet expansivamente aromático del noroeste del Pacífico, que contiene una mezcla de Simcoe, Citra y Sorachi Ace, entre muchos otros. La Bikini Beer es el tipo de cerveza de verano que podrías estar bebiendo todo el día. Y todos podríamos aprender mucho sobre la visión de Jeppe a la hora de elaborar cerveza. «Mi idea de hacer cerveza es muy sencilla. No me importa demasiado el proceso, ni qué levadura utilizar, o si lo hago de la manera más correcta. Solo me importa el resultado». Un consejo importante, tanto si estás en tu primera elaboración como en la milésima.

GRANO
*Malta Pilsner canadiense,
1,75 kg (66 %)*

*Malta Crystal Pale 27 l
Thomas Fawcett, 300 g (11 %)*

*Carafoam Weyermann,
250 g (10 %)*

*Malta Munich 10 l Weyermann
o Best, 250 g (10 %)*

Copos de avena, 75 g (3 %)

MACERACIÓN
*67 °C durante 20 minutos,
69 °C durante 20 minutos,
mashout a 76 °C*

LÚPULOS
Simcoe 13 % AA, 23 g, 60 minutos

Simcoe, 10 g, 15 minutos

Cascade, 10 g, 15 minutos

*Pellets de Falconer's Flight,
20 g, 5 minutos*

*Pellets de Falconer's Flight, 10 g,
1 minuto*

*Pellets de Falconer's Flight,
34 g, dry hop*

Simcoe, 17 g, dry hop

LEVADURA
Wyeast 1056 American Ale

FERMENTACIÓN
21 °C

Gigantic Brewing Co

Portland, Oregon, EE.UU.

—

Cuando eres un cervecero profesional brillante, haces cerveza brillante, y a todo el mundo le encanta. Así que haces más. Todo el mundo se la bebe, así que haces más. Y más. Y más... Y de pronto, estás elaborando la misma cerveza una y otra vez. Esta es posiblemente una de las razones por las que a los cerveceros les gusta experimentar y explorar los límites de lo que entendemos por cerveza. Pero en Portland, Oregón, un par de experimentados cerveceros han dado con una solución. Haz unas cuantas cervezas, véndelas hasta que se agoten y luego haz otras distintas. Un remedio infalible contra el aburrimiento en una cervecera. Requiere de confianza decir: «Sí, la última cerveza estaba rica, pero esta va a saber mucho mejor». Y exige aún más confianza colgar la receta de tu cerveza de la semana pasada en la página web, de manera que todo el mundo pueda compartir la generosidad de Gigantic.

Después de varias décadas en la industria, los fundadores Ben Love y Van Havig querían volver a los orígenes y fundaron la razonablemente compacta Gigantic para poderse concentrar en la parte divertida: elaborar cerveza. Su lote 3 fue la The End of Reason, una ale fuerte y oscura, de estilo belga. Y el lote 24, la Piperwrench, fue una IPA envejecida en barricas de ginebra Old Tom. La Bang On, lote 16, fue una English Pale Ale. Y no solo la cerveza de las botellas es única cada vez: las ilustraciones de las etiquetas también lo son. Gigantic es el sponsor cervecero oficial del Museo del Diseño de Portland; además, cada novedad cuenta con un artista distinto. No es la manera más eficiente en costes de etiquetar una cerveza, pero es la más divertida.

Gigantic Brewing Co

Portland, Oregón, EE.UU.

GINORMOUS
IMPERIAL IPA

—

20 L | ABV **8,8 %**
OG **1,078** | FG **1,012**

La Ginormous Imperial IPA es una de las cervezas de Gigantic que se producen continuamente. Hace honor a su nombre, pues está cargada de lúpulos, concretamente de siete contundentes variedades que, a codazos, luchan por llamar la atención. Probablemente esta no sea una receta para probar en tu primera elaboración. Hay mucha malta en términos de peso, si bien esto no quiere decir que no tenga un sabor equilibrado. El azúcar eleva el grado alcohólico y se asegura de que el dulzor propio de la malta no se interpone en el camino, ya que las IIPA son secas. Esta gran cantidad de cereales necesitará mucha atención. Y con un dry-hopping tan completo, vas a perder una pequeña cantidad de mosto por absorción. Ben, de Gigantic, hace además una importante observación sobre los IBU al final de la cocción: «Fíjate en la baja cantidad de lúpulo al principio y la alta carga que hay al final. Las adiciones grandes, altas en alfa ácidos, al final de la ebullición aportan muchos IBU, especialmente si dejas los lúpulos durante 45 minutos después de la ebullición, antes de enfriarla». ¿Un hop stand de 45 minutos? Pero Ben es un profesional: préstale atención. Tampoco escatimes con la levadura. Para asegurarte, puedes utilizar una cantidad adicional (quizás medio pack más) y considerar la preparación de un starter.

GRANO
Malta Northwest Pale Ale Great Western, 5,7 kg (89 %)

Malta Munich I Weyermann, 270 g (4 %)

MACERACIÓN
65 °C durante 60 minutos

LÚPULOS
Magnum, 12 g, 90 minutos

Cascade, 80 g, 15 minutos

Cascade, 55 g, 0 minutos

Crystal, Mosaic, Simcoe, 30 g de cada, 0 minutos; déjala reposar 45 minutos antes de enfriarla

Cascade, 40 g, dry hop #1 (1 día después de alcanzar la FG)

Citra, 20 g, dry hop #1

Simcoe, 20 g, dry hop #1

Cascade, 40 g, dry hop #2 (2 días después del dry hop #1)

Citra, 20 g, dry hop #2

Simcoe, 20 g, dry hop #2

LEVADURA
Wyeast 1728 Scottish Ale

FERMENTACIÓN
20 °C

OTROS INGREDIENTES
Azúcar moreno, 480 g (7 %), añadido durante la ebullición

Thornbridge Brewery

Bakewell, Derbyshire, Inglaterra

KIPLING
SOUTH PACIFIC PALE ALE

—

20 L | ABV **5,2 %**
OG **1,050** | FG **1,011–1,012**

El pequeño y encantador pueblo de Bakewell, en la zona de Peak District, justo en el centro de Inglaterra, es famoso por dos cosas: el pudin de Bakewell (una deliciosa tarta de mermelada y crema) y las increíbles cervezas elaboradas por Thornbridge. Desde unos inicios humildes en los terrenos de la casa señorial de Thornbridge Hall hasta un presente de exportaciones globales y operativa de última generación, acumulando en el camino un incontable número de premios, la cervecera ha ganado seguidores con cervezas de casi todos los estilos. La Kipling es una Pale Ale con una corta lista de ingredientes: pero no caigas en el error de pensar que es simple. Con un tipo de malta y solo dos lúpulos, no hay donde esconderse; una buena técnica de elaboración es esencial para casar la malta pálida Maris Otter con los sabores a uva y grosella espinosa del famoso lúpulo Nelson Sauvin de Nueva Zelanda. Para obtener el amargor perfectamente equilibrado con el Sauvin, el maestro cervecero de Thornbridge, Rob Lovatt, tiene un truco: «Mantén el Nelson Sauvin constante para alterar el amargor y alcanzar 40-45 EBU». (EBU significa «European Bittering Units»: aparte de algunas pequeñas diferencias moleculares, es más o menos lo mismo que los IBU).

GRANO
Malta Maris Otter Pale Ale, 4,65 kg (100 %)

MACERACIÓN
67–69 °C durante 60 minutos

LÚPULOS
Magnum, 17 g, 60 minutos

Nelson Sauvin, 50 g, en el hopback

LEVADURA
White Labs WLP001 California Ale

FERMENTACIÓN
20 °C

Boneyard Beer

Bend, Oregón, EE.UU.

NOTORIOUS
TRIPLE IPA

———

20 L | ABV 11,5 %
OG 1,100 | FG 1,012

Un *boneyard* es un solar donde se llevan los aviones, coches, motos o motores antiguos para desmontarlos y revenderlos. Es un término apto para la cervecera de Tony Lawrence, en Oregón, que crearon en 2010 dos cofundadores. Con una buena experiencia en la elaboración de cerveza en su currículum (incluido su paso por Deschutes, véase la p. 151), Tony empezó a hacer su propia cerveza en el centro de Bend y muchas de las piezas de su equipo habían sido recogidas por toda Norteamérica. Lo mejoraron cuando se trasladaron a unas instalaciones mayores, pero el espíritu original sigue ahí. Oregón y el noroeste del Pacífico son tierra de lúpulos, y esta alocada triple IPA les da una tribuna desde donde gritar bien alto: los lúpulos de Boneyard son más duros que un saltador de trampolín con una sola pierna. Tanta perfección en una copa no se consigue con facilidad, ya que la generosa carga de malta (que incluye copos de cebada) puede atascarse en la maceración si no haces el lavado cuidadosamente; además, los enormes montones de Citra y Mosaic implican que vas a perder una buena parte de mosto en el dry-hopping (aunque el aceite de lúpulo salva un poco en este caso). Dale a la levadura cancha para que también pueda luchar. «¡Inocúlala a conciencia y oxigénala mucho!», dice Tony.

GRANO
Malta Pale Ale, 6,77 kg (82 %)

Malta Munich, 250 g (3 %)

Copos de cebada, 250 g (3 %)

Malta acidulada, 120 g (1,5 %)

MACERACIÓN
64–65 °C durante 60 minutos

LÚPULOS
Fuggles, 13 g, mash hop

Aceite de lúpulo alpha CO_2, 1,5 g, 60 minutos

Citra, 5 g, 20 minutos

Mosaic, 5 g, 20 minutos

Citra, 5 g, 10 minutos

Mosaic, 5 g, 10 minutos

Aceite de lúpulo alpha CO_2, 1,5 g, 5 minutos

Citra, 5 g, 0 minutos

Mosaic, 5 g, 0 minutos

Citra, 25 g, whirlpool

Mosaic, 25 g, whirlpool

Citra y Mosaic, 20 g de cada, dry hop #1 (saca la levadura antes)

Citra y Mosaic, 53 g de cada, dry hop #2 (2 días después del dry hop #1)

LEVADURA
Wyeast 1968 London ESB Ale, 2 packs

FERMENTACIÓN
Empieza a 20 °C y deja que suba 0,5 °C cada 24 horas hasta 23 °C, si puedes

OTROS INGREDIENTES
Dextrosa, 980 g (12 %), hiérvela durante 30 minutos

Mikkeller

Copenhague, Dinamarca

—

Si alguien realizara una encuesta con una muestra transversal de cerveceros de todo el mundo sobre quién es uno de sus colegas más respetados, un nombre posiblemente aparecería en primera posición: Mikkel Borg Bjergsø, un antiguo profesor de primaria danés que fundó Mikkeller en Copenhague con un amigo en 2006. Siguiendo los pasos de los pioneros microcerveceros de EE.UU., Mikkel tomó un enfoque internacional y prácticamente dibujó un modelo de la revolución global de la cerveza arte-

sana. En primer lugar, Mikkeller ha hecho cientos de cervezas distintas, atrevidas e innovadoras, con ingredientes de la más elevada calidad; desde la sencillamente genial Stateside American IPA hasta una Sour de arándano azul fermentada de forma espontánea, envejecida en barricas de roble. Las cervezas más directas de Mikkeller son reproducciones brillantes de sus estilos, pero las experimentales son pura imaginación en una botella, retos que exigen ser aceptados y bebidos, pero siempre dis-

frutados. Mikkel fue más o menos el primer «gypsy brewer» como tal, sin instalaciones propias, diseñando recetas para que se elaboren a distancia. Mikkel muestra una actitud despreocupada hacia la elaboración, y enfatiza la diversión, la creatividad y la vertiente social de la cerveza por encima de la ciencia y la exclusividad. Colabora con cerveceros de ideas similares en Australia, Europa o EE.UU. Sus etiquetas contienen ilustraciones muy fácilmente reconocibles a primera vista, creadas con tanto amor como la propia cerveza (dibujadas por Keith Shore). Asimismo, Mikkel posee varios bares en lugares tan alejados como Bangkok. Mikkeller es una marca que retiene una indescriptible frescura escandinava y unos valores a contracorriente de los cánones, a pesar de que su cerveza se encuentra disponible en cuarenta países a lo largo y ancho del mundo. A todo ello hay que sumar la celebración anual del Copenhagen Beer Celebration, el festival más acogedor y visionario que existe.

Mikkeller

Copenhague, Dinamarca

CREAM ALE
CREAM ALE

—

20 L | ABV **5,0 %**
OG **1,047** | FG **1,009**

Esta Cream Ale es una de las cervezas menos experimentales de Mikkeller pero, de todas formas, es maravillosa, y un ejemplo algo inusual dentro de su estilo. Las Cream Ale son un estilo relativamente raro, nacido en EE.UU., y que podría describirse como una mezcla deliciosamente equilibrada entre una Lager y una Ale. Son de alta fermentación como las Ale, pero con una maltosidad ligera y un final fresco; y utilizan copos de maíz como adjunto, algo que a menudo se asocia negativamente a las Lager de las macrocerveceras estadounidenses, aunque aquí se halla la prueba de que su uso no es siempre algo malo. Convierte la Cream Ale en una cerveza limpia y suave y habilita un fácil camino a los lúpulos, con la Carapils ayudando a retener una buena corona de espuma. La levadura es una mezcla entre variedades Lager y Ale, con alta atenuación y aromas ligeramente afrutados. Algunos cerveceros practican el acondicionamiento en frío con las Cream Ale al final de la fermentación, a fin de conseguir una claridad y suavidad superiores. Finalmente, la Mikkeller Cream Ale tiene un característico perfume a naranja, proveniente del generoso uso de lúpulos Amarillo: no es un atributo «auténtico» en este estilo, pero de eso es de lo que se trata con la cerveza artesana. Carbonátala bien para conseguir un burbujeo súper refrescante.

- -

GRANO
Malta Pilsner, 1,2 kg (30 %)

Malta Pale, 1,2 kg (30 %)

Copos de maíz, 680 g (17 %)

Carapils, 260 g (6,5 %)

Copos de avena, 260 g (6,5 %)

Malta Vienna, 200 g (5 %)

Malta Munich, 200 g (5 %)

MACERACIÓN
67 °C durante 75 minutos
74 °C durante 15 minutos

LÚPULOS
Columbus 13 % AA, 20 g,
60 minutos

Amarillo 6,5 % AA, 25 g,
15 minutos

Amarillo 6,5 %, 30 g, dry hop

Challenger 7,6 % AA, 30 g, dry hop

LEVADURA
White Labs WLP080 Cream Ale
Yeast Blend

FERMENTACIÓN
18-20 °C

Camden Town Brewery

Camden, Londres, Inglaterra

INDIA HELLS LAGER
HOPPED HELLES LAGER

—

20 L | ABV **6,2 %**
OG **1,060** | FG **1,012**

Camden Town fue fundada por un australiano, Jasper Cuppaidge, después de elaborar cerveza en la bodega del Horseshoe, un pub de Hampstead, en el norte de Londres. La creó en 2010 y la convirtió en un actor relativamente precoz de la escena cervecera artesana de Londres. Desde entonces se ha expandido a un ritmo imparable, captando millones de libras esterlinas de capital a través del crowdfunding y conquistando, a su vez, los mercados foráneos. Pero aquello que la distingue de las demás es su devoción por las Lager, un estilo cuya reputación ha sufrido horriblemente en manos de las macrocerveceras, y como tal suele ignorarse a menudo.

Pero bien hecha —y en Camden siempre es así—, una buena Lager es algo precioso. Su Hells es un clásico moderno, y esta India Hells tiene incluso más personalidad; tiene una incidencia enorme de lúpulo pero, aún así, es clara, suave y equilibrada. Producir Lager en casa (véase la p. 22) requiere de un preciso control de temperatura, sea a partir de un refrigerador de tipo inmersión o bien de una nevera. Pero si aprendes a dominar la elaboración de tu propia Lager serás un cervecero más que satisfecho y popular cuando llegue el verano. Y si algún día te encuentras en Camden Town, la taproom de la cervecera es una visita la mar de divertida.

- -

GRANO
Malta Pilsner de Weyermann, 4 kg (75 %)

Malta Munich, 1,07 kg (20 %)

Carapils, 270 g (5 %)

MACERACIÓN
Por infusión simple, maceración a 66 °C durante 70 minutos. Por método escalonado, mash in a 50 °C, súbela a 62 °C y consérvala durante 60 minutos, caliéntala a 72 °C y consérvala durante 10 minutos. Mashout a 78 °C

LÚPULOS
Magnum 12,7 % AA, 17 g, 60 minutos (para 25 IBU)

Simcoe 13,9 % AA, 9 g, 10 minutos

Chinook 13,9 % AA, 9 g, 10 minutos

Mosaic 11,2 % AA, 11 g, 10 minutos

Simcoe 13,9 % AA, 7 g, 0 minutos

Chinook 13,9 % AA, 17 g, 0 minutos

Mosaic, 11,2 % AA, 9 g, 0 minutos

Chinook, Simcoe y Mosaic, 80 g de cada, dry hop

LEVADURA
Fermentis Saflager W-34/70

FERMENTACIÓN
10-12 °C hasta la mitad de la fermentación, después 14 °C hasta el final. Cuando la fermentación activa termine, deja a 14 °C durante 72 horas para reducir el diacetilo. Después del reposo para el diacetilo, pon los lúpulos del dry hop en un recipiente aparte. Si quieres darle más músculo al aroma, mete 2 g más por litro de cada lúpulo. Mantén la cerveza tibia durante otras 24-48 horas. Después practícale el lagering en un refrigerador a lo largo de unas 2 semanas

Firestone Walker Brewing Company

Paso Robles, California, EE.UU.

UNION JACK
WEST COAST IPA

▬

20 L | ABV **7,5 %**
OG **1,068** | FG **1,012**

Adam Firestone viene de la tradición vinícola californiana; David Walker, inglés, es su cuñado. Esta alianza entre la soleada California y la lluviosa Inglaterra se representa en el logo con el oso y el león, y también en el sinfín de sus cervezas premiadas (no hay suficiente espacio en esta página para listar los reconocimientos que se ha llevado Firestone Walker). La cervecera utiliza el histórico y único sistema de Burton upon Trent de circulación por barricas de roble para fermentar algunas de sus cervezas, como en su buque insignia, la Double Barrel Ale, en la que el mosto pasa seis días en la madera antes de que lo trasvasen al acero para terminarlo. No obstante, esta clásica y sin igual West Coast IPA se fermenta en acero, de manera que puedes probar su elaboración en casa. Es generosa en lúpulos amargos y ataviada con variedades de EE.UU. de intenso aroma gracias al doble dry-hopping, un asunto sobre el cual el maestro cervecero Matt Brynildson lo sabe prácticamente todo. «Creo firmemente en el poco tiempo de contacto con los lúpulos –dice–, no más de tres días. Si empieza a tener sabores vegetales, es que los estás dejando demasiado tiempo. Lo que quieres son notas de lúpulo limpias, jugosas y afrutadas».

GRANO
*Malta Pale americana de
2 carreras, 5,18 kg (86 %)*

Malta Munich, 360 g (6 %)

Carapils, 300 g (5 %)

*Malta Crystal Simpsons
30–40 l, 180 g (3 %)*

MACERACIÓN
*63 °C, luego 68 °C para terminar
la conversión*

LÚPULOS
*Magnum 15 % AA, 35 g,
90 minutos*

Cascade 6 % AA, 32 g, 30 minutos

Centennial, 32 g, 15 minutos

Cascade, 30 g, whirlpool

Centennial, 30 g, whirlpool

*Centennial, Cascade, Simcoe y
Amarillo, 75 g en total («misma
cantidad de Centennial y Cascade,
un poco menos de Simcoe y
Amarillo»), dry hop #1 al final
de la fermentación*

*Dry hop #2 análogo,
3 días después del #1*

LEVADURA
White Labs WLP013 London Ale

FERMENTACIÓN
19 °C, después cold crash

Russian River Brewing Company

Santa Rosa, California, EE.UU.

RON MEXICO
EXPERIMENTAL-HOPPED AMERICAN PALE ALE

—

20 L | ABV 4,5 %
OG 1,045 | FG 1,012

Existen cervezas de culto, y luego está la Pliny the Younger. Cuando esta Triple IPA se sirve una vez al año, en febrero, en el brewpub de Russian River en Santa Rosa, la gente viaja desde todas partes para poder probar «la mejor cerveza del mundo». Pero centrarse en la Pliny es perderse lo que la RRBC significa: su fundador, Vinnie Cilurzo, es un maestro de la acidificación y el añejamiento, con 600 barricas a su disposición; es, además, uno de los cerveceros más abnegados, cultos y respetados de la industria en la actualidad. Esta receta proviene de su relación con cultivadores de lúpulo y homebrewers: la creó para la Homebrewers Conference de San Diego en 2015, utilizando HBC-438, un lúpulo experimental tan nuevo que no tiene nombre (aunque se le apoda «Ron Mexico»). Excepcionalmente, el 438 solo estará disponible en pequeñas cantidades por ahora, para personas entusiastas con ansias creativas. «El cervecero puede cambiar el HBC-438 por cualquier lúpulo y hacer una cerveza monovarietal —comenta Vinnie—. Nosotros hacemos una cerveza similar en RRBC, llamada Hop 2 It, que utilizamos para testar nuevas variedades de lúpulo». Así que sal en busca de un poco de Ron Mexico, o hazte con #07270, o 527, o 342, y descubre porqué cada lúpulo merece su momento de atención.

- -

GRANO
Malta Pale Ale Rahr,
2,01 kg (51,5 %)

Malta de 2 carreras Rahr,
1,66 kg (42 %)

Malta ácida Weyermann,
120 g (3 %)

Carapils Breiss, 100 g (2,5 %)

Malta Crystal Simpsons 60 l,
30 g (1 %)

MACERACIÓN
69 °C durante 60 minutos

LÚPULOS
HBC–438 15,7 % AA, 3 g,
90 minutos

HBC–438, 14 g, 15 minutos

HBC–438, 60 g, 0 minutos

HBC–438, 73 g, dry hop #1
(después de 10 días)

HBC–438, 73 g, dry hop #2 (retira
dry hop #1, después de 15 días)

LEVADURA
WLP001 California Ale

FERMENTACIÓN
18 °C; saca la levadura después
de 10 días; a los 18 días, baja
a 0 °C; a los 21 días utiliza gelatina
o algo similar para clarificarla,
antes de trasvasarla
y carbonatarla

Brewdog

Ellon, Escocia

—

Desde una pequeña cervecera en Aberdeenshire, en Escocia, James Watt y Martin Dickie se fijaron un ambicioso objetivo: agitar el mundo de la cerveza. Y lo consiguieron. Desde el principio, han estado embarcados en una misión contra la mediocridad en cada una de las facetas de la cerveza, e incluso cuando su marketing audaz no sea de tu agrado, las cervezas no fallan. Todas ellas son inflexiblemente sabrosas, auténticas celebraciones de sus respectivos estilos, como la erupción lupulosa de la Jackhammer IPA, o la agradable, oscura y épica Russian Imperial Stout Cocoa Psycho. Brewdog nunca ha tenido miedo de explorar los límites de la cerveza, sacando su alternativa al agua, la Pale Ale Nanny State (0,5 % ABV), así como la End of History, una Belgian Ale con ortigas y enebro que, con su 55 %, era más fuerte que la mayoría de los whiskies y se presentaba, además, dentro de animales atropellados posteriormente disecados. Actualmente existen casi treinta bares Brewdog, y sus cervezas se exportan a más de cincuenta países. Una cervecera en Ohio sirve además para enviar sus cervezas a todo Estados Unidos. Y en una exitosa campaña de crowdfunding, convirtieron a sus bebedores en inversores. Se trata de una de las marcas de crecimiento más acelerado en el Reino Unido. En veinte años, la historia de Brewdog posiblemente se estudie en los cursos MBA, pero aún más importante: las cervezas de Brewdog muy probablemente seguirán siendo fantásticas.

Brewdog

Ellon, Escocia

PUNK IPA
IPA

—

20 L | ABV **5,60 %**
OG **1,054** | FG **1,012**

Si no estás bebiendo Punk IPA ahora mismo, probablemente conozcas a alguien que sí lo esté haciendo. Se vende en tiendas, supermercados, licorerías, bodegas, bares y pubs de todo el mundo. Esta es la cerveza con la que Brewdog lo empezó todo en 2007: poca gente en el reservado Reino Unido había probado nunca una cerveza tan fresca, tan segura de sí misma, tan llena de sabor en cada sorbo. El reservado Reino Unido andaba un poco asustado, dicha sea la verdad, pero la Punk no tardó en ganárselo por completo, además de a muchos otros países. Se trata de un auténtico clásico de la cerveza artesana: refrescante, pero no despreocupada; suficientemente fuerte para destacar, si bien agradable para tomar unas cuantas; rebosante de pino, fruta tropical, flores y cítricos, todas las virtudes de los lúpulos, y el resultado de unos generosos puñados de seis variedades distintas, entre ellas el Ahtanum, del noroeste del Pacífico, y el Cascade, además de un neozelandés sin igual como es el Nelson Sauvin. El fondo de malta es firme, pero lo bastante sencillo para darles a los lúpulos la oportunidad de brillar. Si puedes elaborar tu versión un 10 % igual de bien que la original, serás un héroe. En un mundo en que la cerveza insulsa llena la mayoría de vasos, la Punk IPA sigue siendo una rebelde.

GRANO
Malta Pale Ale, 4,4 kg (92,5 %)

Caramalt, 360 g (7,5 %)

MACERACIÓN
Mash in a 65 ˚C, déjala reposar durante 15 minutos. Sube a 72 ˚C, déjala reposar durante 15 minutos (prueba del yodo, véase p. 37). Mashout a 78 ˚C

LÚPULOS
Ahtanum, 2 g, 80 minutos

Chinook, 8 g, 15 minutos

Ahtanum, 10 g, 15 minutos

Ahtanum, 6 g, whirlpool

Chinook, 4 g, whirlpool

Simcoe, 10 g, whirlpool

Nelson Sauvin, 5 g, whirlpool

Ahtanum, 40 g, dry hop

Chinook, 50 g, dry hop

Simcoe, 40 g, dry hop

Nelson Sauvin, 20 g, dry hop

Cascade, 40 g, dry hop

LEVADURA
Wyeast 1056 American Ale

FERMENTACIÓN
19 ˚C durante 5 días, dry hop a 14 ˚C durante 5 días, madúrala a 0 ˚C durante 15 días

Siren Craft Brew

Finchampstead, Berkshire, Inglaterra

UNDERCURRENT
OATMEAL PALE ALE

———

20 L | ABV **4,5 %**
OG **1,044** | FG **1,010**

Tras solo dos años desde la maceración inicial de Darron Anley, su cervecera fue reconocida como la segunda mejor nueva cervecera del mundo según los premios anuales de Ratebeer.com. El afecto que Siren recibe se debe a su compromiso con la cerveza antitradicional, su apertura de miras y su absoluta indiferencia hacia los límites de la cerveza. Las ediciones limitadas sacadas hasta la fecha incluyen una IPA con crema de melocotón, en colaboración con Omnipollo (véase la p. 130) y una Hopfenweizen envejecida en barrica con levadura Brettanomyces. La experimentación tiene que construirse sobre una sólida comprensión de lo que funciona en una cervecera,y la Undercurrent es un claro ejemplo de una cerveza del día a día sobresaliente. Además de la malta de trigo y Carahell para darle cuerpo y color, utiliza malta de avena, un cereal que no siempre se deja ver, de sabor cálido, que funciona bien en todo tipo de cervezas, pero que en esta Pale Ale es una auténtica revelación. Esta es la única receta del libro que utiliza lúpulo Palisade, del noroeste del Pacífico, que aporta notas de «néctar dulce» de fruta, acompañadas de matices herbáceos y propios de prados recién segados.

GRANO
*Malta Maris Otter Pale,
2,66 kg (71 %)*

Malta de avena, 520 g (14 %)

Malta de trigo, 260 g (7 %)

Carahell, 260 g (7 %)

Caraaroma, 40 g (1 %)

MACERACIÓN
68 ˚C durante 60 minutos (Siren recomienda recircularlo durante los últimos 45 minutos, si es posible)

LÚPULOS
(ebullición de 70 minutos)

Magnum, 7 g, 60 minutos

Cascade, 20 g, 10 minutos

Cascade, 20 g, 0 minutos

Palisade, 16 g, 0 minutos

Columbus, 12 g, 0 minutos

LEVADURA
Fermentis US-05 American Ale

FERMENTACIÓN
20 ˚C

Oskar Blues Brewery

Lyons, Colorado, EE.UU.

DALE'S PALE ALE
AMERICAN PALE ALE

---

20 L | ABV **6,5 %**
OG **1,066** | FG **1,015**

Si eres cervecero y te llamas Dale, está clarísimo que debes hacer una Pale Ale y llamarla Dale's Pale Ale. El fundador de Oskar Blues, Dale Katechis, hizo justamente eso con esta cerveza, característicamente cargada de matices cítricos; y luego fue un paso más allá: la metió en una lata. Esto fue en 2002, cuando la cerveza enlatada era sinónimo de gasificación, arroz, insipidez y convencionalidad. Ahora, los cerveceros artesanos de todo el mundo presentan sus cervezas en aluminio. La Dale's fue la primera cerveza artesana en lata, una auténtica pionera, pero esto no es lo único que la hace extraordinaria. Las copiosas cantidades de los clásicos lúpulos «C» estadounidenses (Cascade, Centennial, Columbus) aportan un reconocible sabor a pomelo, flores y hierbas, pero sin el dry-hopping que está presente en las American IPA más agresivas. El relativamente complejo apartado maltoso trae al conjunto un cuerpo dulce, en perfecta armonía con los lúpulos. Es todo lo que una American Pale Ale debe ser: equilibrada y fresca, carismática y agradable, disponible para ti a cualquier hora del día. La DPA es el brindis perfecto para la revolución real en la elaboración de cerveza.

GRANO
Malta Pale Ale de 2 carreras norteamericana 2 l, 4,68 kg (80 %)

Malta Crystal 25 l, 590 g (10 %)

Malta Munich 10 l, 470 g (8 %)

Malta Crystal 85 l, 120 g (2 %)

MACERACIÓN
69 °C durante 60 minutos

LÚPULOS
(ebullición de 90 minutos)

Columbus 14 % AA, 14 g, 80 minutos, para 25 IBU

Cascade, 14 g, 25 minutos

Columbus, 17 g, 10 minutos

Centennial, 45 g, whirlpool

LEVADURA
Wyeast WLP001 California Ale

FERMENTACIÓN
Primaria a 18 °C, luego acondicionamiento en frío durante unos 10 días

INSTRUCCIONES ESPECIALES
La Dale's se elabora con agua blanda con un ratio objetivo entre cloruro y sulfato de 1:1 en el mosto

The Celt Experience

Caerphilly, Gales

SILURES
MUNICH PALE ALE CON PÍCEA

—

20 L | ABV 4,6 %
OG 1,044 | FG 1,008

The Celt Experience no es una cervecera normal. Su fundador, Tom Newman, se inspira en la mitología de los celtas galeses y tiene una profunda conexión con la tierra. Entre sus cervezas se encuentra la brillante Tail-less Black Sow, una Pale Ale infusionada con hierbas que lleva el nombre del cerdo fantasma de una leyenda popular. Las levaduras silvestres se recogen de sitios con importancia espiritual; la artemisa y la aquilea se recogen del bosque. La Silures (en honor a una antigua tribu del sudeste de Gales) utiliza lo que Tom llama su «hop druid»: «Come lúpulos para cenar», comenta. Es muy probable que tú no tengas un hop druid, pero puedes comprar un percolador, o hacerte uno; es un recipiente con una tapa sellada que deja que el mosto fluya a través de él y que extrae grandes cantidades de aroma de los lúpulos infusionados que se encuentran dentro (resulta similar a un hopback: véase la p. 24). Se trata de utilizar cantidades generosas: casi tanto lúpulo como quepa dentro. Un detalle sobre las puntas de pícea: adquiérelas localmente, si es posible. Puedes comprarlas online, y si no vives cerca de un bosque probablemente sea tu mejor opción. No tendrá la misma magia pero, aun así, podrás seguir disfrutando de su carácter único, resinoso y floral.

GRANO
Malta Pale Ale, 3,6 kg (92 %)

Malta Munich, 160 g (4 %)

Malta de trigo, 160 g (4 %)

MACERACIÓN
64,5 °C durante 60 minutos

LÚPULOS
(ebullición de 60 minutos)

Magnum o lúpulo de amargor similar, 25 g, 40 minutos, para 36 IBU

Centennial, 67 g, 5 minutos

Citra, 17 g, 5 minutos

Simcoe, 34 g, 0 minutos

Citra, Centennial y Simcoe, en el hop druid (véase arriba)

Simcoe, 34 g dry hop

LEVADURA
Fermentis, US-05 American Ale

FERMENTACIÓN
20 °C

OTROS INGREDIENTES
Puntas de pícea, 17 g, terminada la ebullición, infusión durante 5 minutos

Trouble Brewing

Kildare, Irlanda

HIDDEN AGENDA
PALE ALE

—

20 L | ABV **4,5 %**
OG **1,043** | FG **1,009**

Existe una broma relacionada con beber en pubs irlandeses. Tienes dos opciones: una pinta de Guinness o media pinta de Guinness. Es cierto que este líquido negro fluye como el agua en Irlanda y, gracias a su omnipresencia, la cerveza irlandesa tiene una especie de reputación unidimensional a escala mundial. Pero un creciente grupo de cerveceros de todo el país está mirando más allá de la Stout para traer a los amantes de la cerveza algo con lo que emocionarse. Trouble, que se encuentra en el condado de Kildare (muy cerca de donde nació Arthur Guinness), está haciendo justamente esto: elaborar grandes cervezas que van desde una relajada Gold-

en Ale hasta una Chocolate Stout con cereza. La Hidden Agenda no es especialmente irlandesa en cuanto a su carácter, si bien es una apuesta segura. Es una Pale Ale relajada y absolutamente bebible, con un objetivo muy sencillo: las maltas, claras y complejas, establecen una base para potenciar el golpe de lúpulo fresco australiano, como si fuera una ensalada de frutas. La variedad de lúpulo relativamente nueva, Vic Secret, y su compatriota Summer son todo albaricoque, melocotón, melón y cítricos; el Melanoidin es un cereal especializado que, en cantidades pequeñas, aporta un sutil color rojizo y sabor a malta. ¿Quién necesita una Guinness?

GRANO
Malta Pale Ale, 2,75 kg (72 %)

Malta Munich, 760 g (20 %)

Melanoidin, 150 g (4 %)

Carapils, 80 g (2 %)

Malta Crystal 57 l, 80 g (2 %)

MACERACIÓN
66 °C durante 60 minutos

LÚPULOS
*Magnum 12,7 % AA, 9 g,
60 minutos*

*Summer 5,3 % AA, 26 g,
10 minutos*

*Summer 5,3 % AA, 26 g,
5 minutos*

*Vic Secret 15,8 % AA, 39 g,
0 minutos*

Vic Secret 15,8 % AA, 39 g, dry hop

LEVADURA
Fermentis US-05 American Ale

FERMENTACIÓN
20 °C

Omnipollo

Estocolmo, Suecia

———

Con un equipo formado por un talentoso diseñador gráfico (Karl Grandin) y un talentoso cervecero (Henok Fentie), parecía inevitable que Omnipollo produjera una cerveza con tan buena pinta como sabor. Lo que no era inevitable, pero es el resultado de una incansable creatividad y mucho trabajo, era que sus cervezas fueran de las más buscadas en el mundo. En Omnipollo, como en muchas otras cerveceras de Escandinavia, son gypsy brewers: muchas de sus cervezas se elaboran en la tecnológicamente puntera De Proefbrouwerij de Bélgica, mientras que otras nacen de colaboraciones (con Siren, Evil Twin y Stillwater, entre otros); la imaginación, aun así, es toda suya. La Nathalius es una Imperial IPA de 8% elaborada con arroz y maíz, ingredientes que los cerveceros artesanos generalmente rehúyen: no hay mejor razón para usarlos. La Yellow Belly, elaborada con Buxton Brewery, es una «Peanut Butter Biscuit Stout», sin mantequilla de cacahuete ni galletas, una de las cervezas más buscadas del mundo. La Mazarin, que luce una vela en su botella, es solo una Pale Ale, pero quizá la mejor que llegues a probar.

Omnipollo

Estocolmo, Suecia

4:21
DOUBLE RASPBERRY/VANILLA SMOOTHIE IPA

——

20 L | ABV **6 %**
OG **1,054** | FG **1,010**

Junto con Mikkeller y To Øl, Omnipollo representa todo aquello que es excitante, inconformista e iluminado sobre la cerveza en Escandinavia. La empresa la lleva un homebrewer convertido en profesional como es Henok Fentie, y el diseñador gráfico Karl Grandin, que es responsable del diseño artístico cervecero más genial que existe: las botellas son tan vistosas y elegantes que querrás conservarlas después del último trago. No existe una fábrica de Omnipollo: hacen sus creaciones por todo el mundo, con muchas colaboraciones en su camino. Esta 4:21 es parte de la serie Magic Numbers de

Omnipollo, una colección de cervezas de edición limitada y lote pequeño, que viajan más allá de los límites inexplorados de la elaboración de cerveza. Es súper afrutada y tiene la acidez de la frambuesa y el trigo, pero la vainilla y la lactosa le dan un carácter cremoso, incluso denso, de ahí lo de «smoothie». La lactosa es prácticamente no fermentable con levadura de cerveza, así que no hace subir el ABV; incrementa, no obstante, la densidad del mosto. Y las adiciones tardías de lúpulo añaden mucho sabor e incluso una cierta cantidad de IBU. ¡Una cerveza verdaderamente rompedora!

- -

GRANO
Malta Pilsner, 2,65 kg (60 %)

Trigo, 880 g (20 %)

Copos de avena, 440 g (10 %)

MACERACIÓN
67 °C durante 75 minutos

LÚPULOS
(ebullición de 60 minutos)

Mosaic, 27 g, 10 minutos

Mosaic, 67 g, whirlpool

Mosaic, 200 g, dry hop durante 3 días

LEVADURA
Fermentis S-04 English Ale

FERMENTACIÓN
19 °C

OTROS INGREDIENTES
Dextrosa, 440 g (10 %), en la ebullición

Lactosa, después de la ebullición, para subir la OG sobre 3P (unos 12-13 puntos de densidad específica); sobre 700 g

Frambuesas frescas, 1,3 kg, y 2,5 vainas de vainilla, cortadas por la mitad a lo largo, después de la fermentación primaria, antes del dry hopping

Yeastie Boys

Wellington, Nueva Zelanda

DIGITAL IPA
NZ-HOPPED IPA

—

20 L | ABV **5,7 %**
OG **1,056** | FG **1,013**

Podría existir una cervecera en el mundo con un nombre mejor que el de Yeastie Boys, pero es difícil de imaginar. Todo empezó como un proyecto a tiempo parcial de Stu McKinley y Sam Possenniskie en Wellington, pero la calidad de sus cervezas era tal que pronto fueron la estrella de la escena cervecera neozelandesa. Su Pot Kettle Black (la cerveza neozelandesa más premiada) no solo desdibuja las líneas entre las Black IPA y las Hoppy Porter, sino que es una prueba irrefutable de que no es necesario que existan dichas fronteras. El innovador modelo de negocio de los Yeastie les lleva a planear sus cervezas desde su base en Wellington, mientras que la elaboración se lleva a cabo en otro lugar. En 2015, Stu se reubicó medio mundo más allá hasta Londres para iniciar la operativa de la marca en el hemisferio norte, lo que dio como resultado una cerveza más fresca, que de alguna manera sigue siendo neozelandesa en espíritu, aunque se haga a quince mil kilómetros de distancia (busca la Gunnamatta IPA, con infusión de Earl Grey). Su historia es un paradigma de la elaboración de cerveza moderna y su Digital IPA, un ejemplo dentro de las IPA modernas: un equilibrio entre las maltas caramelizadas e ingentes cantidades de deliciosos lúpulos neozelandeses.

- -

GRANO
Malta Pilsner, 2,48 kg (52 %)

Malta Vienna, 2,06 kg (43,5 %)

Malta Gladiator (o Carapils), 210 g (4,5 %)

MACERACIÓN
66 °C durante 60 minutos

LÚPULOS
Pellets de Pacific Jade 13,4 % AA, 35 g, 60 minutos

Pellets de Motueka 7,3 % AA, 8 g, 10 minutos

Pellets de Nelson Sauvin 12,1 % AA, 8 g, 10 minutos

Pellets de Southern Cross 13,6 % AA, 8 g, 0 minutos

Pellets de Motueka 7,3 % AA, 40 g, 0 minutos

Pellets de Nelson Sauvin 12,1 % AA, 8 g, 0 minutos

Pellets de Southern Cross 13,6 % AA, 17 g, dry hop #1

Pellets de Nelson Sauvin 12,1 % AA, 8 g, dry hop #1

Pellets de Motueka 7,3 % AA, 17 g, dry hop #1

Pellets de Southern Cross 13,6 % AA, 8 g, dry hop #2, 4 días después del #1

Pellets de Nelson Sauvin 12,1 % AA, 4 g, dry hop #2

Pellets de Motueka 7,3 % AA, 17 g, dry hop #2

LEVADURA
Fermentis US-05 American Ale

FERMENTACIÓN
18 °C

Young Henrys

Newtown, Nueva Gales del Sur, Australia

NATURAL LAGER
KELLERBIER

━━━━

20 L | ABV **4,2 %**
OG **1,042** | FG **1,010**

Las Kellerbier son un estilo alemán antiguo, por lo general bastante raro fuera del país, que pueden ser tanto de alta como de baja fermentación, pero siempre sin filtrar y cargadas de lúpulo aromático. Young Henrys, de Nueva Gales del Sur, respeta la tradición e incluye malta Munich para darle un auténtico tinte ambarino a esta Natural Lager. Pero en vez de Hallertauer Mittlefrüh han utilizado lúpulos Summer, Helga y Sylva, todos ellos emparentados con variedades clásicas europeas que emigraron al hemisferio sur para adquirir un carácter afrutado bajo el sol australiano. El resultado no es nada pretencioso, sutilmente cítrico y perfectamente refrescante; también túrbido por el uso de trigo y la ausencia de filtrado. Utiliza también levadura Cry Havoc, que trabaja tanto a temperatura de Ale como de Lager. Young Henrys fue fundada por dos amigos en 2012 y aún es joven, pero es algo así como un prodigio: una gama base estrictamente consistente (que también incluye Real Ale, con su English Best Bitter) elaborada en paralelo con atrevidas creaciones como una Witbier hecha con mejillones (de verdad), o la I Should Coco, una Chocolate Stout con trufa. Existen ahora cerveceras Young Henrys en otros dos estados de Australia, por lo que la cerveza es tan fresca en Sydney como en Perth.

GRANO
Malta Pilsner, 3,2 kg (86 %)

Malta de trigo clara, 250 g (7 %)

Malta Munich, 250 g (7 %)

MACERACIÓN
67 °C durante 50 minutos

LÚPULOS
(ebullición de 60 minutos)

Summer, 15 g, lúpulo temprano

Summer, 20 g, 5 minutos

Sylva, 20 g, whirlpool

Helga, 20 g, whirlpool

LEVADURA
White Labs WLP862 Cry Havoc

FERMENTACIÓN
16 °C hasta que la gravedad llegue a 1,020, luego deja que la temperatura suba naturalmente a 22 °C. Espera 2 días después de alcanzar la densidad final, luego enfríala durante 7 días antes de hacer priming y embotellarla

Stout, Porter y Black

—

La diferencia entre Stout, Porter y Black IPA es motivo de debate, y a los cerveceros artesanos les encanta jugar con sus fronteras. Deja las discusiones de lado y dedícate a elaborarlas y beberlas. Los cereales torrefactos aportan un color oscuro, además de notas de chocolate, café y frutas del bosque, que combinan bien con graduaciones y cargas de lúpulo elevadas y otros sabores añadidos complementarios.

Dark Star Brewing Company

West Sussex, Inglaterra

ESPRESSO
DARK COFFEE BEER

▬

20 L | ABV **4,2 %**
OG **1,048** | FG **1,014**

Razones para enamorarse de la cervecera Dark Star de Sussex: 1) Patrocina la British National Homebrew Competition, y cada año elabora la cerveza ganadora para sacarla al mercado. 2) Contribuye a todo tipo de causas benéficas relacionadas con pubs y cervezas a través de la Dark Star Foundation. 3) Desde 1994 ha combinado brillantemente la mejor tradición cervecera británica con ingredientes y actitudes modernas. 4) Toda su cerveza es simplemente genial, incluyendo esta cerveza negra, la Espresso. Quizá no sea lo suficientemente robusta para llamarla Stout, ya que el único cereal realmente oscuro que utiliza es la cebada tostada. Se trata de un cereal muy útil y distintivo para su uso en las cervezas más intensas, altamente torrefacto, lo que le otorga características similares a las del café. La cebada tostada añade un agradable toque dulce para amortiguar el amargor del café molido. Otras cervezas con café utilizan más cantidad de grano molido, pero en la versión de Dark Star es más como una cerveza de fondo dentro de la propia cerveza. En otras palabras, posiblemente no sea el sustituto de tu taza de café por la mañana, pero sí una buena cerveza con sutiles capas de oscuridad.

GRANO
Malta Pale Ale, 3 kg (70 %)

Trigo crudo, 690 g (16 %)

Cebada tostada, 470 g (11 %)

Caramalt, 130 g (3 %)

MACERACIÓN
67 °C durante 60 minutos

LÚPULOS
Challenger, 30 g, 60 minutos

Challenger, 11 g, 0 minutos

LEVADURA
Danstar Nottingham Ale o White Labs WLP039 Nottingham Ale

FERMENTACIÓN
20 °C

OTROS INGREDIENTES
Café Arábica recién molido, el mejor que puedas encontrar, 22 g al final de la ebullición. Déjalo como dejarías los lúpulos de aroma antes de trasvasarlo al fermentador. Utiliza mejor una bolsita: ¡el café molido es complicado de limpiar!

Beavertown Brewery

Tottenham, Londres, Inglaterra

En los pocos años transcurridos desde que Beavertown Brewery fue fundada por Logan Plant en un bar de Londres, ha recorrido un largo camino. La cervecera salió del sótano del Duke's Brew & Que, su restaurante de barbacoas, para instalarse en un nuevo lugar en Hackney Wick, que luego se quedó pequeño y le obligó a trasladarse a un espacio más amplio en Tottenham. Y en vez de limitarse a elaborar cerveza para acompañar las comidas a base de pulled pork del Duke's, Beavertown exporta a veinte países. Algo se ha mantenido idéntico y ha impulsado su crecimiento: una increíble variedad de cervezas sin ninguna clase de límites convencionales. Algunas se elaboraron en el sótano del pub y pasaron a formar parte de su gama base (la especiada 8-Ball Rye IPA o la Smog Rocket); otras son colaboraciones con cerveceros de todo el mundo, o ediciones limitadas de un solo lote (una Saison con manzana Bramley, por ejemplo). Algunas redefinen la cerveza de culto: la llegada, una vez al año, de su IPA de 7,2 % con naranja sanguina viene precedida de una estampida de gente hacia los bares y cervecerías que tienen la suerte de tener unas cuantas en stock. Tienen, además, una línea de latas para su gama base: un compromiso con el frescor y el menor impacto ambiental. Y como aspecto clave del éxito de Beavertown está su identidad, que ha sido clara desde el principio. Nick Dwyer trabajó en el Duke's y presentó a Logan unos bocetos inspirados por sus cervezas: «Si algún día necesitas etiquetas, aquí tienes algunas ideas». Ahora Nick es el director creativo, y sus elogiados diseños pueden admirarlos los entusiastas seguidores de mercados tan diversos como Australia, EE.UU. y Hong Kong.

Beavertown Brewery

Tottenham, Londres, Inglaterra

SMOG ROCKET
SMOKED PORTER

—

20 L | ABV **5,4 %**
OG **1,057** | FG **1,014**

Esta es una de las recetas originales de home-brewing del fundador de Beavertown, y ha sobrevivido el viaje desde un kit de cocina a los 50 hectolitros notablemente intacta. La alta diversidad de cereales de la Smog Rocket –¡nueve variedades!– conforma una Porter compleja y comprometida, con una oscuridad envolvente que deja que los matices ahumados vayan saliendo de entre los sabores a café tostado, toffee quemado, turba ardiente y chocolate negro. Un exceso de ahumado en una receta cervecera puede llevar a una sensación excesiva, como de cenicero, en vez de una gentil y agradable voluta de hoguera; pero la proporción de malta ahumada aquí está cuidadosamente equilibrada con sus otras compañeras. La combinación de Crystal, Brown, Chocolate, Cara y Black, incluso en cantidades pequeñas, hace que todas aporten algo único. Los lúpulos en esta cerveza están para dar equilibrio (los IBU son bastante bajos), aunque las delicadas notas ahumadas que a veces se encuentran en el Chinook se hacen notar también. Beavertown enlata casi toda su gama, y sus cervezas están disponibles en muchas partes del mundo, así que si ves una Smog Rocket, ¡hazte con una!

GRANO
Malta Pale Ale, 1,53 kg (30 %)

Malta ahumada con madera de haya, 1,53 kg (30 %)

Malta Munich, 560 g (11 %)

Copos de avena, 410 g (8 %)

Malta Dark Crystal, 310 g (6 %)

Malta Brown, 310 g (6 %)

Malta Chocolate, 310 g (6 %)

Caramalt, 100 g (2 %)

Malta Black, 50 g (1 %)

MACERACIÓN
66 °C durante 60 minutos

LÚPULOS
Magnum, 8 g, 60 minutos

Chinook, 14 g, 30 minutos

LEVADURA
Fermentis US-05 American Ale

FERMENTACIÓN
19 °C

Brouwerij de Molen

Bodegraven, Países Bajos

SPANNING & SENSATIE
SPICED IMPERIAL STOUT

―――

20 L | ABV 9,8 %
OG 1,102 | FG 1,028

La elaboración de cerveza en los Países Bajos puede estar históricamente eclipsada por sus vecinos belgas y alemanes, pero incluso bajo estas condiciones concretas existe una próspera industria microcervecera, liberada de cualquier necesidad de competir con empresas como Heineken. De Molen («el molino») es la más consistentemente ecléctica, audaz y brillante; notable no solo en Holanda, sino también en todo el mundo por su enorme gama de cervezas que raramente se repiten, inspirada en los clásicos europeos y los estilos americanos. La Spanning & Sensatie («Emociones y Derrames») se describe como «Imperial Stout-ish», y es ciertamente potente, negra como la noche y bien cargada de maltas tostadas; este tipo de Porter tan cargadas nunca escatiman en sabor, que además en esta se realza utilizando virutas de cacao, chile y sal. El resultado es algo parecido a una tableta derretida de chocolate negro azteca, con regaliz y café de fondo, una cálida corriente de alcohol y especias y un intrigante y característico sabor al final. No obstante, las adiciones no son nada sin una buena cerveza, y las Imperial Stout no son fáciles de elaborar, así que tómate tu tiempo: recircula lentamente, lava lentamente, trasvasa lentamente, inocula la levadura con entusiasmo y luego envejece… lentamente.

GRANO
Malta Pilsner belga, 4,03 kg (43 %)

Malta ahumada, 1,22 kg (13 %)

Malta Brown, 940 g (10 %)

Malta Crystal 60 l, 940 g (10 %)

Copos de avena, 840 g (9 %)

Malta ácida, 750 g (8 %)

Malta Chocolate, 520 g (5,5 %)

Cebada tostada, 140 g (1,5 %)

MACERACIÓN
69 °C durante 60 minutos

LÚPULOS
Columbus, 60 g, 90 minutos

Saaz, 8 g, 10 minutos

LEVADURA
Fermentis US-05 American Ale, 2 packs

OTROS INGREDIENTES
Virutas de cacao, ligeramente trituradas, 100 g

½ chile Madame Jeanette

Sal marina, 10 g

Ponlos todos en una bolsita saneada y añádelos después de la fermentación primaria, hasta una semana

Odell Brewing Company

Fort Collins, Colorado, EE.UU.

CUTTHROAT PORTER
PORTER

——

20 L | ABV **5,1 %**
OG **1,050** | FG **1,015**

Doug Odell ya hacía cerveza en su casa cuando la mayoría de los cerveceros artesanos actuales no bebían nada más que leche. Ahora es uno de los cerveceros más respetados de su país, y su sagaz expansión desde Colorado hacia el resto del mundo se fundamenta en una base de grandes cervezas y un equilibrio perfecto entre experimentación y consistencia. Su interpretación de una 90/- Scottish Ale ha sido una referencia fija en Odell desde 1989, y es un clásico moderno; así como también lo es esta cremosa Cutthroat Porter, que lleva el nombre de una trucha en peligro de extinción. Técnicamente, se trata más de una «Brown» que de una Robust Porter, con un porcentaje de maltas muy tostadas más bajo que en otros ejemplos. La temperatura de maceración es alta para crear un cuerpo completo en la cerveza, y la levadura English Ale es baja en ésteres y limpia, pero deja un suave dulzor que encaja en el estilo. Es profundamente oscura, con mucho café, chocolate, tabaco y sabores tostados; esto, sumado a sus lúpulos ingleses East Kent Goldings y Fuggles al terminar la ebullición (los lúpulos son intencionadamente sutiles en este estilo) y su llevadero ABV, la convierte en una Porter accesible y «sesionable».

- -

GRANO
Malta Pale Ale, 3,78 kg (79 %)

Caramalt, 270 g (5,5 %)

Malta Chocolate, 220 g (4,5 %)

Malta Crystal 53-60 l, 170 g (3,5 %)

Malta Amber, 170 g (3,5 %)

Malta Munich, 110 g (2,5 %)

Cebada tostada, 60 g (1,5 %)

MACERACIÓN
68 °C durante 60 minutos

LÚPULOS
Nugget, Cascade o cualquier buen lúpulo de amargor, 24 g, 60 minutos, para alcanzar los 40 IBU

East Kent Goldings, 12 g, 0 minutos

Fuggles, 10 g, 0 minutos

LEVADURA
Una levadura limpia, baja en ésteres, como la WLP002 English Ale

FERMENTACIÓN
20 °C

Deschutes Brewery

Bend, Oregón, EE.UU.

BLACK BUTTE PORTER
PORTER

---

20 L | ABV **5,2 %**
OG **1,057** | FG **1,019**

Deschutes es un modelo de honestidad y esfuerzo de las cerveceras de Oregón. La empresa, que lleva el nombre del río local, está ubicada en Bend desde 1988, donde abrió como un humilde brewpub. Bend es un pueblo rodeado por nombres de sitios familiares para los cerveceros de todo el mundo, gracias a los famosos lúpulos de su estado; estos incluyen las Cascade Mountains y el Willamette National Forest. Deschutes es ahora una de las cerveceras artesanas más grandes de EE.UU. Formando una sólida base para sus series de cerveza experimental y de temporada (entre ellas la muy esperada IPA con lúpulo fresco, que se saca en invierno), se encuentra una gama base que incluye esta Black Butte Porter, un homenaje al extinto volcán del Deschutes National Forest. Para una consolidada cervecera del noroeste del Pacífico, tener una Porter como buque insignia es atrevido, pero esta rica, dulce y cremosa cerveza es tan fácil de beber como cualquier Pale Ale. Bravo es un lúpulo bastante nuevo (2006) criado en campos locales, que aporta altos niveles de alfa ácidos y un aroma ligeramente afrutado, y que se complementa en este caso con una de las variedades más utilizadas en EE.UU. (Cascade) y con Tettnang. Una Porter de noche de entre semana, con suficiente carácter para acompañarte hasta el sábado.

- -

GRANO
Malta Pale de 2 carreras, 2,8 kg (63 %)

Malta Chocolate, 450 g (10 %)

Malta de trigo, 400 g (9 %)

Malta Crystal C75, 400 g (9 %)

Carapils, 400 g (9 %)

MACERACIÓN
Mash in a 54 °C, aguantando durante 10 minutos. Eleva la temperatura a 69 °C y déjala reposar durante 30 minutos. Mashout a 75 °C, aguantando al menos 5 minutos

LÚPULOS
Bravo 14 % AA, 14 g, 60 minutos

Cascade 6 % AA, 14 g, 30 minutos

Tettnang 5 % AA, 28 g, 5 minutos

LEVADURA
White Labs WLP002 English Ale o Wyeast 1187 Ringwood Ale

FERMENTACIÓN
17 °C

Ninkasi Brewing Company

Eugene, Oregón, EE.UU.

OATIS
OATMEAL STOUT

—

20 L | ABV **7 %**
OG **1,072** | FG **1,020**

Oregón es un muy buen lugar para ser aficionado a la cerveza artesana, pues hay docenas de cerveceras dedicadas a mantener el Beaver State bien afluyente de cosas ricas para beber. Y aunque Portland quizá tenga más cerveceras per cápita, Eugene es también una muy buena ciudad para los fanáticos de la cerveza artesana. Aparte de Ninkasi, otros elaboradores de cerveza de la zona son Hop Valley, cuyas latas estallan con los sabores de los muy preciados lúpulos de la región, o Oakshire, entre muchos otros. Ninkasi es una refrescante alternativa a las calaveras, la oscuridad y el heavy metal que simboliza a muchas cervezas: su nombre proviene de la diosa sumeria de la cerveza, su programa «Beer is Love» respalda iniciativas de caridad a lo grande, su bagazo se reaprovecha para alimentar a algunas (suertudas) vacas a las que se cría solo con alimentación natural. Y además hacen una buena cerveza: la Oatis es un homenaje a la mascota de la cervecera, el perro Otis; y aunque él posiblemente no la pueda disfrutar, los demás sí podemos apreciar su fina y sedosa sensación en boca, su intenso y oscuro carácter torrefacto y el equilibrio entre el dulzor de la malta y el sutil amargor de los lúpulos Nugget. Ninkasi también elabora una Vanilla Oatis, que cuenta con una agradable cremosidad adicional.

GRANO
Malta Pale de 2 carreras, 4,86 kg (74 %)

Malta Chocolate, 390 g (6 %)

Malta Crystal, 390 g (6 %)

Copos de avena, 390 g (6 %)

Malta Vienna, 330 g (5 %)

Cebada tostada, 130 g (2 %)

Cáscaras de arroz, 70 g (1 %)

MACERACIÓN
67 °C durante 40 minutos

LÚPULOS
Nugget, 23 g, 60 minutos

Nugget, 23 g, 30 minutos

LEVADURA
White Labs WLP005 British Ale

FERMENTACIÓN
20 °C durante 3-7 días; mántenla durante 2 días a gravedad final; enfríala a 0 °C durante 7-10 días

Põhjala

Tallin, Estonia

ODENSHOLM
IMPERIAL PORTER

▬▬

20 L | ABV **9 %**
OG **1,083** | FG **1,019**

Para muchos, la cerveza estonia es equivalente a la Viru, una Pilsner cuya curiosa botella con forma de torre eclipsa su contenido. Pero esto era en el pasado: ahora existe una verdadera escena de artesanos, repleta de jóvenes cerveceras que elaboran cervezas memorables a lo largo de este estado báltico. Põhjala se encuentra en la capital, Tallin, y está dirigida por Christopher Pilkington, un cervecero escocés que trabajó en Brewdog (véase la p. 118). Põhjala se unió a otra cervecera del norte de Europa, la noruega Lervig (véase la p. 93), para crear esta Imperial Porter tan profundamente oscura. Este tipo de Stouts sobrecargadas se describen a menudo en términos de «tamaño», y ésta es tan grande que puedes llegar a perderte en ella. Las maltas de centeno y Chocolate Rye le dan un toque especiado, mientras que la larga maduración a baja temperatura lleva la calidez del alcohol y el amargor de los lúpulos a nuevas y profundas dimensiones. Asegúrate de que tu levadura se encuentra en buen estado, pues tendrá mucho trabajo que hacer. Christopher le da a su cerveza un tiempo más de reposo en un barril de Pinot Noir, algo que si puedes, deberías hacer: «Consigue que los sabores a fruta del bosque de la malta Carafa y la Chocolate Rye combinen a la perfección». Una gran compañera para una noche fría.

GRANO
Malta Pale Ale de Viking, 4,84 kg (62,5 %)

Malta de centeno, 1,55 kg (20 %)

Malta Carafa Special Type 2, 500 g (6,5 %)

Malta Chocolate Rye, 390 g (5 %)

Malta Special B, 390 g (5 %)

MACERACIÓN
68 °C durante 45 minutos

LÚPULOS
Magnum o CTZ, 50 g, 60 minutos

Chinook, 20 g, 0 minutos

LEVADURA
White Labs WLP090 San Diego Super

FERMENTACIÓN
19 °C, luego 4 semanas de maduración a 0 °C

OTROS INGREDIENTES
Azúcar demerara, 80 g (1 %), a mitad de la ebullición

The Kernel Brewery

Bermondsey, Londres, Inglaterra

EXPORT INDIA PORTER
EXPORT INDIA PORTER

——

20 L | ABV **6 %**
OG **1,060** | FG **1,016**

No es nada subjetivo, es solo una gran verdad: The Kernel hace una cerveza increíble. Todo lo relacionado con esta cervecera emana sencillez: etiquetas amarronadas impresas a mano con información mínima (sin notas de cata, o alardeos de cómo su contenido va a cambiar tu vida); una gama concisa de cervezas, siempre cambiantes pero fieles a su estilo y perfectamente elaboradas. Se trata básicamente de IPA y Pale Ale lupulizadas a conciencia, además de la muy bebible Table Beer, cervezas ácidas y reinterpretaciones de estilos históricos de Londres, como sus potentes Stout y Porter. Esta Export India Porter deja vía libre a los lúpulos, tal como

habría ocurrido en el siglo XIX. Y las variedades no se especifican. No es por secretismo, sino porque no existen recetas fijas. «Nos gusta experimentar con distintas variedades de lúpulo —dice su fundador, Evin O'Riordain—. Pueden crear sabores muy variados cuando se combinan con maltas oscuras, lo cual nos fascina. El Bramling Cross es nuestro favorito para un carácter británico más tradicional. El Columbus funciona muy bien para conseguir un carácter más atrevido, estilo Nuevo Mundo». Utiliza esta receta como inspiración, apuntando a unos 48 IBU. The Kernel utiliza el agua dura de Londres, con cloruro de calcio adicional.

GRANO
Malta Maris Otter,
3,96 kg (75,5 %)

Malta Brown, 370 g (7 %)

Malta Chocolate, 370 g (7 %)

Malta Dark Crystal, 370 g (7 %)

Malta negra, 180 g (3,5 %)

MACERACIÓN
Sobre los 69 °C durante 60 minutos

LÚPULOS
12 % AA, 10 g, lúpulo temprano

12 % AA, 10 g, 15 minutos

12 % AA, 14 g, 10 minutos

12 % AA, 20 g, 5 minutos

12 % AA, 40 g, dry hop durante
3 días, antes de embotellarla

LEVADURA
The Kernel utiliza una levadura propia, pero puedes utilizar algo que sea apropiado localmente, como la White Labs WLP013 London Ale

FERMENTACIÓN
20 °C, luego acondiciónala durante 10-14 días a 15-20 °C para que la cerveza carbonate adecuadamente

To Øl

Copenhague, Dinamarca

BLACK BALL
PORTER

———

20 L | ABV **7,1 %**
OG **1,084** | FG **1,024**

Para aquellos que no hablen danés: se pronuncia «tu iul» y se traduce como «dos cervezas». En 2005, sus fundadores Tobias y Tore, que entonces estaban en la escuela, tuvieron a un genial profesor de ciencias, que con el tiempo se convertiría en el jefazo de Mikkeller: Mikkel Borg Bjergsø (véase la p. 108). Unidos por una desilusión general por la cerveza danesa más habitual (seguro que sabes cuál), el trío empezó a elaborar cerveza en la cocina del colegio después de clases. Presuntamente, al colegio le parecía muy bien este acuerdo, que también ha funcionado de manera excelente para los amantes de la cerveza. Si llegaras a tener alguna duda de que Dinamarca es posiblemente el mejor sitio para vivir de todo el mundo, esta historia seguro que te ha convencido definitivamente. En línea con los cánones modernos, To Øl no cuenta con instalaciones propias —es una cervecera gypsy— pero, aún así, consigue tener una creciente gama de cervezas, atrevidas a la vez que magníficamente diseñadas. Y esta Black Ball no es una Porter cualquiera: la variopinta carga de maltas es envolvente y llena de sutilezas, el azúcar sin refinar añade más intriga y los abundantes lúpulos iluminan sus oscuras profundidades. ¿Hoppy Porter, Black IPA o India Stout? Cuando están tan ricas, ¿a quién le importa?

- -

GRANO
Malta Pilsner, 4,15 kg (57 %)

Cebada tostada, 700 g (9,5 %)

Malta ahumada, 610 g (8 %)

Copos de avena, 530 g (7 %)

Malta Chocolate, 440 g (6 %)

Caramunich, 350 g (5 %)

Malta Brown, 210 g (3 %)

MACERACIÓN
*67 °C durante 60 minutos,
72 °C durante 15 minutos*

LÚPULOS
Simcoe 13 % AA, 26 g, 60 minutos

Simcoe 13 % AA, 20 g, 15 minutos

*Centennial 10 % AA, 20 g,
10 minutos*

Cascade 6,5 % AA, 30 g, 1 minuto

LEVADURA
White Labs WLP002 English Ale

FERMENTACIÓN
20-21 °C

OTROS INGREDIENTES
Demerera, cassonade o azúcar moreno similar, 210 g (4,5 %), añadido en fase de maceración

Brown, Belgian, Bitter y Strong

—

Las Brown Ale son maltosas, de color caoba y profundas. Las cervezas belgas son a menudo afrutadas, con variedades muy características de levadura y un cuerpo ligero, aunque con mucho alcohol. Las Bitter inglesas son fáciles de beber y suaves en cuanto a lúpulo. Las Strong Ale llevan grandes cantidades de grano para conseguir una alta graduación y calidez.

Nøgne Ø

Grimstad, Noruega

#100
BARLEYWINE

---

20 L | ABV **10,1 %**
OG **1,092** | FG **1,015**

La primera Barleywine comercial fue la Bass No 1, en 1903. Más de un siglo después, Nøgne Ø ha creado su propia versión, y es una digna sucesora de esa pionera cerveza de Burton upon Trent. Cuando se hace bien, una Barleywine se codea con los grandes vintage de Bordeaux; pero su elaboración es complicada. Es difícil trabajar con una cantidad tan elevada de grist, así como sacar todos los azúcares deseados de este. La cama de grano será pesada, lo que complicará el filtraje. Si no das con la OG, luego el ABV no será lo bastante alto y, sencillamente, no tendrás una Barleywine. Esta es una ocasión en la que incrementar la OG prefermentación con extracto de malta puede no ser una mala idea, si resulta necesario. Otro método para asegurarse una Barleywine potente es hacer dos maceraciones más pequeñas para luego combinarlas. Además, la levadura es clave: sin una atenuación correcta, todo lo que tendrás es un sirope súper dulce e imbebible. La levadura líquida es recomendable, posiblemente utilizando incluso dos packs. También es mejor trasvasarla después de que termine la primera fermentación, y luego otra vez después de tres o cuatro semanas, antes de pensar en hacerle priming y embotellar. En las Barleywine nada puede hacerse con precipitación.

- -

GRANO
Malta Maris Otter, 6,85 kg (88 %)

Malta de trigo, 800 g (10 %)

Malta Chocolate, 160 g (2 %)

MACERACIÓN
63 °C durante 90 minutos

LÚPULOS
Chinook, 70 g, 90 minutos

Centennial, 50 g, 15 minutos

Centennial, 50 g, 5 minutos

Columbus, 50 g, 0 minutos

Chinook, 50 g, dry hop

LEVADURA
White Labs WLP007 Dry English Ale o Danstar Nottingham Ale

FERMENTACIÓN
20 °C

INSTRUCCIONES ESPECIALES
Esta cerveza necesita un envejecimiento en botella largo y calmado para alcanzar su máximo potencial. (Incluso la carbonatación tardará uno o dos meses). Seis meses de reposo no son una exageración; incluso más es mejor. Guarda las botellas en algún sitio oscuro y tranquilo y abre una de vez en cuando para poder apreciar el desarrollo de sus características

Renaissance Brewing

Blenheim, Nueva Zelanda

STONECUTTER SCOTCH ALE
SMOKED SCOTCH ALE

---

20 L | ABV **7 %**
OG **1,074** | FG **1,021**

Marlborough, en la punta norte de Isla Sur de Nueva Zelanda, es tierra de vinos. La viticultura es un trabajo que da sed, pero por suerte cuentan con la reconocida y premiada Renaissance para que los esforzados agricultores tengan algo decente que beber. Como muchas cervezas del Nuevo Mundo, la Stonecutter se inspira en un estilo clásico europeo; en este caso, las Scottish Wee Heavy, unas Ale fuertes y robustas, originarias de Edimburgo. Las maltas toman la iniciativa aquí; nueve variedades que aportan una amplia gama de tostados, y una complejidad de chocolate y toffee; por último, la malta ahumada, incluso en una pequeña proporción, le da un delicado toque ahumado. Pero tratándose de Nueva Zelanda, los lúpulos cultivados localmente también entran en juego. La Stonecutter es una cerveza muy compleja, que reposa a gusto en madera durante un tiempo para que se desarrollen sus sabores: el cervecero jefe de Renaissance, Andy Deuchars, recomienda el uso de virutas de roble, 15 g, en el fermentador entre 3 y 5 semanas. Ponlas en una bolsita esterilizada y añádelas al secundario, desde donde podrás probar la cerveza más o menos cada semana para validar el punto de madera que ha cogido. Este es un buen método para aquellos que no tienen un barril.

GRANO
Malta Pale Ale, 2,5 kg (68 %)

Malta Amber, 500 g (6,8 %)

CaraAmber, 500 g (6,8 %)

Malta Biscuit, 250 g (3,5 %)

Malta Crystal Medium, 250 g (3,5 %)

Malta Crystal Pale, 250 g (3,5 %)

Malta Vienna, 250 g (3,5 %)

Malta de trigo, 250 g (3,5 %)

Malta ahumada, 60 g (0,9 %)

MACERACIÓN
Maceración a alta temperatura para obtener la atenuación requerida, 68 °C durante 60 minutos

LÚPULOS
(ebullición de 60 minutos)

Southern Cross 14 % AA, 20 g, lúpulo temprano

Pacific Jade, 16 g, hopback o whirlpool

LEVADURA
Wyeast 1968 London Ale

FERMENTACIÓN
20 °C

Weird Beard Brew Co

Hanwell, Londres, Inglaterra

BORING BROWN BEER
IMPERIAL BEST BITTER

———

20 L | ABV **7,2 %**
OG **1,069** | FG **1,013**

El «boring brown beer» («cerveza marrón y aburrida») de su nombre es supuestamente la absoluta antítesis de la cerveza artesana: conservadoras cervezas intercambiables que se sirven en pubs de todo el país y que ofrecen a sus bebedores nula excitación y atrevimiento. Esta Boring Brown Beer de Weird Beard, no obstante, no tiene nada de aburrida. Se trata de una gama de las Brown Ale de estilo americano o «Imperial Best Bitters», que utilizan un solo lúpulo para un efecto impresionante. Aquí es el turno del Chinook, que aporta suficiente aroma herbáceo, a especias e incluso a pomelo para hacer frente al caramelo oscuro de la malta Special B. Dos maltas, un lúpulo y un sinfín de carácter: es una receta sencilla, pero que no deja ningún sitio para ocultarse, así que tu técnica de elaboración debe ser sólida. Weird Beard es fuente de inspiración para los homebrewers: sus fundadores, Gregg y Bryan, empezaron a elaborar profesionalmente después de años de experimentación amateur. El logo con la calavera barbuda adorna cada una de sus botellas, desde la Little Things That Kill 3,8 % Hop-Heavy Session Ale a la Sadako Barrel-Aged Imperial Stout. «Sin trucos, sin mierda y, en ningún caso, infralupulizadas a sabiendas» es su eslogan: un mantra que todos podríamos tomarnos en serio.

GRANO
Malta Pale Ale, 5,3 kg (84 %)

Malta Special B, 1,1 kg (16 %)

MACERACIÓN
64 °C durante 75 minutos

LÚPULOS
Chinook 13 % AA, 50 g, 60 minutos

Chinook 13 % AA, 20 g, 30 minutos

Chinook 13 % AA, 20 g, 15 minutos

Chinook, 13 % AA, 20 g, 0 minutos

LEVADURA
White Labs WLP007
Dry English Ale

FERMENTACIÓN
19 °C durante 4 días de primaria,
10 días de secundaria

Birrificio del Ducato

Soragna, Emilia-Romaña, Italia

WINTERLUDE
TRIPEL

———

20 L | ABV **8,8 %**
OG **1,079** | FG **1,012**

Para que una cerveza sea certificada como trapense, debe ser elaborada por uno de los pocos y selectos monasterios (básicamente en Bélgica, aunque hay algunos más en Holanda, Italia e incluso Massachussets), y todos los beneficios de las ventas deben destinarse a causas benéficas. La Tripel es una Strong Pale Ale de los Países Bajos, y una cerveza clásica trapense: la devoción a una vida abstemia no es necesaria para elaborar o beberse la deliciosa Winterlude de Del Ducato, aunque con sus lúpulos clásicos europeos, la levadura belga y el azúcar candi sea fiel a su estilo. Surgen caleidoscopios de sabores complejos de estos sencillos ingredientes. La cervecera de Giovanni Campari, situada en el pueblo de Soragna, cerca de Parma, elabora cervezas con un vínculo elemental con la tierra y sentidas historias de fondo: «La Winterlude es un homenaje a un amigo que desapareció, que quizá algún día volvamos a ver, como pasa con el sol que se esconde detrás de las montañas». Esta es una cerveza para envejecer; las Tripel se benefician de una fermentación secundaria una vez se quita la levadura, y de un par de meses en la botella, momento en el que se puede saborear con el chasquido de labios y la pontificación propias de un buen vino.

- -

GRANO
Malta Pilsner, 5,95 kg (86,5 %)

Malta acidulada, 290 g (4 %)

Carapils, 190 g (3 %)

MACERACIÓN
66 °C durante 60 minutos

LÚPULOS
Herkules, 4 g, 70 minutos

Marynka, 13 g, 5 minutos

Whitbread Golding Variety, 25 g, 0 minutos

LEVADURA
Wyeast 3787 Trappist High Gravity

FERMENTACIÓN
20 °C

OTROS INGREDIENTES
Azúcar candi blanco, 450 g (6,5 %), añadido durante la ebullición. Remuévelo hasta que esté bien disuelto para evitar que se queme en la olla

Stillwater Artisanal

Baltimore, Maryland, y Brooklyn, Nueva York, EE.UU.

OF LOVE & REGRET
BOTANICAL FARMHOUSE ALE

---

20 L | ABV **7 %**
OG **1,058** | FG **1,004**

La Of Love & Regret (que también es el nombre del bar de Stillwater Artisanal en el distrito de Brewers Hill de Baltimore, Maryland) se describe como una «Botanical Farmhouse Ale», y no necesita ser encasillada más allá de esta denominación. Desde el primer trago te darás cuenta de que no se trata de una cerveza cualquiera. Las cervezas belgas suelen llevar especias, frutas y otras adiciones naturales, y esta es una particular e innovadora reinterpretación de dicha tradición. El brezo, la manzanilla, el diente de león y la lavanda, infusionadas en la ebullición, añaden sutiles sabores que se mezclan con los herbosos y especiados Sterling y Styrian Goldings: imagínate un campo de lúpulo en los Países Bajos, rebosante de flores silvestres, y encontrarás algo parecido al carácter intensamente floral de esta cerveza. La levadura French Saison descubre las notas herbáceas y aporta una alta atenuación, necesaria para un final seco. La malta Aromatic es un grano especializado que trae consigo una maltosidad muy reconocible, además de un color cobre profundo. Este tipo de interpretaciones libres de las Ale belgas realmente posibilitan al cervecero para que se convierta en un artista. ¡Sé creativo!

GRANO
Malta Pilsner, 4 kg (78 %)

Malta de trigo, 510 g (10 %)

Malta Vienna, 510 g (10 %)

Malta Belgian Aromatic, 100 g (2 %)

MACERACIÓN
63 °C durante 45 minutos, 75 °C durante 15 minutos

LÚPULOS
Magnum 14 % AA, 7 g, 75 minutos

Sterling 7,5 % AA, 15 g, 10 minutos

Sterling, 28 g, 0 minutos

Styrian Goldings, 14 g, 0 minutos

LEVADURA
Wyeast 3711 French Saison

FERMENTACIÓN
Inocúlala a 23 °C, luego deja que suba a 24 °C. Crash cool cuando la actividad haya terminado

OTROS INGREDIENTES
*Brezo (Calluna vulgaris), 20 g
Diente de león (Taraxacum officinale), 12 g
Manzanilla (Matricaria chamomilla), 8 g
Lavanda (Lavandula x intermedia), 4 g*

Terminada la ebullición, infusiona todos los botánicos en una bolsa de malla durante 10 minutos

Marble Brewery

Manchester, Inglaterra

MANCHESTER BITTER
BITTER

20 L | ABV **4,2 %**
OG **1,040** | FG **1,008**

Manchester, en el norte de Inglaterra, es una ciudad apropiada para la elaboración de cerveza, y Marble es Manchester por los cuatro costados. Está comprometida con el formato cask, pero también con el keg y la botella, y el sensato branding de su logo, de estilo norteño, deja entrever la honestidad y rotundidad de sus cervezas. Casi todos los estilos de cerveza han salido por las puertas de la cervecera, desde una Latzenbier alemana a una Russian Imperial Stout añejada en barrica de bourbon, pero Marble también elabora las Ale tradicionales que hicieron grande la ciudad y que potenciaron la Revolución industrial en el siglo XIX. Así que allí está la Best, la English IPA, la copiosa Stouter Stout y la Pint, una Bitter para el día a día. A ellas cabe sumar una Bitter clásica con un cierto toque, que presentamos aquí: como es de esperar contiene una sólida base de malta (Maris Otter, con una pequeña proporción de granos Crystal, más oscuros y tostados), pero se actualiza con una carga de lúpulo que incluye los neozelandeses Waimea y Motueka, que dejan un final seco, algo afrutado y, naturalmente, amargo. Un clásico de Manchester, como lo son los Smiths, la rivalidad futbolística y la lluvia.

GRANO
Malta Maris Otter, 3,2 kg (94 %)

Caramalt, 140 g (4 %)

Malta Crystal 150 l, 70 g (2 %)

MACERACIÓN
66 °C durante 50 minutos

LÚPULOS
*Herkules 16,1 % AA, 3 g,
70 minutos*

*Goldings 3,4 % AA, 20 g,
15 minutos*

*Waimea 18 % AA, 25 g, 0 minutos
(hop steep durante 20 minutos)*

*Motueka 8 % AA, 25 g, 0 minutos
(hop steep durante 20 minutos)*

LEVADURA
*Algo muy neutro y apropiado
para el estilo*

FERMENTACIÓN
18-21 °C

Rogue Ales

Newpost, Oregón, EE.UU.

HAZELNUT BROWN NECTAR
AMERICAN BROWN ALE

20 L | ABV **6,2 %**
OG **1,057** | FG **1,016**

Nut Brown Ale es un estilo de Ale tradicional inglesa, con el profundo y pulido color de un castaño, y con un suave sabor a frutos secos derivado de una compleja mezcla de maltas tostadas. Lo que generalmente no contiene son frutos secos de verdad, pero este clásico de Rogue, la Hazelnut Brown Nectar, contiene una delicada infusión de extracto de auténticos frutos secos (los condimentos Northwestern permiten controlar cuánto carácter de fruto seco se imparte a la cerveza). También utiliza la cepa de levadura Pacman, propia de Rogue, que puede comprarse a través de Wyeast. La cervecera de Oregón es conocida por sus cervezas experimentales, aunque muy bebibles (la Sriracha Hot Stout con salsa de chile funciona de verdad). Pero su gama estándar es cualquier cosa menos estándar. La Dead Guy Ale es, sin duda, la Heller Bock más conocida de EE.UU. (de acuerdo, posiblemente también sea la única Heller Bock conocida) y la Shakespeare Oatmeal Stout está puntuada como una de las favoritas de todo el mundo. Rogue también cuenta con sus propias granjas en el noroeste del Pacífico, donde cultiva ingredientes para sus cervezas (calabazas, centeno), además de criar otras cosas que se espera que nunca lleguen ni a estar cerca de la cerveza (por ejemplo, pavos).

GRANO
Malta Pale Ale de 2 carreras Great Western, 3,5 kg (59 %)

Malta Munich 10 l Great Western, 0,9 kg (15 %)

Malta Crystal 75 l Great Western, 680 g (11 %)

Malta Brown Baird, 312 g (5 %)

Malta Crystal 15 l Great Western, 255 g (4 %)

Malta Crystal 120 l Great Western, 255 g (4 %)

Malta Kiln Coffee Franco-Belges, 113 g (2 %)

MACERACIÓN
67 °C durante 60 minutos

LÚPULOS
(ebullición de 70 minutos)

Pellets de Perle 9 % AA, 17 g, 60 minutos

Pellets de Sterling 5 % AA, 14 g, 0 minutos (hop stand de 10 minutos)

LEVADURA
Wyeast 1764 Pacman

FERMENTACIÓN
16-18 °C

OTROS INGREDIENTES
Extracto de avellana de Northwestern, ½ cucharadita, que debe añadirse durante el embotellamiento

Williams Bros Brewing Co

Alloa, Escocia

80/-
SCOTTISH ALE

———

20 L | ABV **4,2 %**
OG **1,043** | FG **1,012**

Las Scotch Ale son conocidas por muchas personas de todo el mundo como algo fuerte, dulzón y con un rico color caoba. A menudo cuentan con nombres algo embarazosos como «Big Tam's Kilt Lifter». No es, naturalmente, lo que beben la mayoría de los escoceses en su día a día. Un aspirante más apropiado para convertirse en la pinta nacional sería la 80 shilling (llamada «80 bob» o incluso «80» a secas por los locales; cuyo nombre proviene de un sistema de tasación antiguo sobre los barriles, por el que las cervezas más fuertes y de más calidad guardaban mayor interés para el recaudador de impuestos). Scott y Bruce Williams, con base en Alloa, el histórico núcleo de elaboración de cerveza de Central Belt, han hecho más que nadie para revivir y mantener los estilos antiguos de Escocia. Además de su Fraoch Heather Ale, la resurrección de una cerveza que antedata el uso del lúpulo en unos cuantos siglos, tienen esta revisada 80/-. Su generosa malta y los lúpulos de amargor ingleses son fieles a la tradición, pero de golpe el aroma a lúpulos del noroeste de EE.UU. y la infusión de piel de naranja se erigen como una floritura moderna (aunque dichos ingredientes siguen pisando cuidadosamente: esta es una cerveza maltosa). Bébela con un «slainte» («salud», en gaélico).

GRANO
Malta Pale Ale, 2,87 kg (75 %)

Malta de trigo, 380 g (10 %)

Malta Crystal 115 l, 250 g (6,5 %)

Malta Chocolate, 170 g (4,5 %)

Avena molida, 150 g (4 %)

MACERACIÓN
70 °C durante 50 minutos

LÚPULOS
First Gold, 14,5 g, 60 minutos

Savinski Goldings, 11 g, 45 minutos

Amarillo, 10 g, 0 minutos

Cascade, 10 g, dry hop

LEVADURA
*White Labs WLP039
Nottingham Ale*

FERMENTACIÓN
20 °C

OTROS INGREDIENTES
Piel de naranja dulce, 40 g, hiérvela durante 15 minutos

España

—

Si bien fue Italia quien tomó la iniciativa en el despertar cervecero mediterráneo, después de años en la sombra y de mucho trabajo, España ha visto como los distintos proyectos que han ido proliferando durante la última década configuran, en el momento actual, un apasionante y variado panorama cervecero que merece la pena conocer.

+ Malta

Santa Perpètua de Mogoda, Cataluña, España

━━━

Todo empezó en 1997 como una afición para Pablo Vijande. En un tiempo en que hacer cerveza era una auténtica excentricidad en España, emprendió la tarea de compartir este pasatiempo con otros aficionados y fundó la asociación Catalunya Home Brewers. En 2003 culminó esta etapa asociativa con la publicación del libro *La cerveza artesanal: cómo hacer cerveza en casa.* Ese mismo año, ante la creciente necesidad de suministros de todos los nuevos aficionados a la elaboración de cerveza, creó la empresa + Malta Cervecera, que distribuye materiales a microcerveceras y vende productos online a los homebrewers, además de producir sus propias cervezas. Las raíces cerveceras de Pablo se encuentran en el corazón de East Anglia, en el Reino Unido, concretamente en el pueblo de Attleborough, donde trabajó junto con su mentor, Wolfe Witham, de la Wolf Brewery. Posteriormente, ha trabajado como cervecero en diversas microcerveceras, confeccionando recetas por encargo y organizando numerosos de cursos cerveceros y festivales. Asimismo, ha contribuido a formar una base de homebrewers que, en estos momentos, forman parte de la generación actual de cerveceros de su país. ¿Su última empresa? Integrar la cerveza en la cotidianidad de la cocina en casa, con Kitchen-Beer.

+ Malta

Santa Perpètua de Mogoda, Cataluña, España

AMERICAN ZHYKUTA
AMERICAN PALE ALE

—

22 L | ABV 5,4 %
OG 1,051 | FG 1,011

La receta de Zhykuta encuentra su origen en el año 2000, cuando se formuló con el propósito de iniciar a los homebrewers en el arte de elaborar cerveza; y, desde entonces, sigue cumpliendo con su cometido original (aún hoy se ofrece en la tienda online de Más Malta), lo que la convierte en una de las recetas más elaboradas en España, y fuente de inspiración de muchas otras. La fórmula inicial es la de una Pale Ale inglesa, caracterizada por su sencillez y sutileza, así como por la presencia de dos reconocidos lúpulos británicos como son el East Kent Goldings y el Fuggles; el conjunto es significativo dadas las raíces cerveceras de Pablo Vijande. En 2013, en paralelo a la evolución de los gustos y las preferencias de los consumidores, se adaptó la receta para transformarla en una American Pale Ale. A esta modernización se la apodó como American Zhykuta, y fue presentada con motivo de la edición de ese año del festival de cerveza decano en España, el Vine a Fer Cerveza, que se viene celebrando ininterrumpidamente desde 2004. Con una buena carga de lúpulos americanos, esta nueva Zhykuta es de color ambarino, y presenta un amplio espectro de sabores tostados. Su amargor es equilibrado, con sabores cítricos y un intenso aroma de lúpulo, característico de su estilo.

GRANO
Malta Pale Ale, 5 kg (70,9 %)

Malta Cara Gold, 250 g (3,5 %)

Malta Biscuit, 750 g (10,6 %)

Malta Special B, 50 g (0,7 %)

Malta Abbey, 500g (7,1 %)

Copos de cebada, 250 g (3,5 %)

Copos de centeno, 250 g (3,5 %)

MACERACIÓN
67 °C durante 120 minutos

LÚPULOS
Citra 12,8 % AA, 19 g, 45 minutos

Citra 12,8 % AA, 23 g, 15 minutos

*Amarillo 10 % AA, 13 g,
15 minutos*

Citra 12,8 % AA, 35 g, hopback

Amarillo 10 % AA, 10 g, hopback

Simcoe 13 % AA, 50 g, dry hop

LEVADURA
*Wyeast 1056 American Ale
o Fermentis US-05*

FERMENTACIÓN
*21–22 °C durante 5 o 6 días.
Déjela reposar 5 días en el
fermentador secundario, donde
aplicamos el dry hop*

OTROS INGREDIENTES
*Irish Moss, ½ comprimido o 5 g
deshidratado. Cocción con el lúpulo
(15 minutos)*

**INSTRUCCIONES
ESPECIALES**
*En caso de utilizar agua dura para
la elaboración, se recomienda
añadir entre 20 y 30 g de sulfato
de calcio*

Bidassoa Basque Brewery

Irún, España

BOISE
AMERICAN IPA

---

20 L | ABV **6,5 %**
OG **1,060** | FG **1,011**

Bidassoa Basque Brewery nace de la inquietud del cervecero Carlos Arrecubieta, investigador científico en Nueva York, aficionado al homebrewing y colaborador en la neoyorquina Captain Lawrence Brewing Co. En 2014, Carlos decide volver a su comarca natal del Bidasoa para crear una fábrica de cerveza artesanal y trabajar así en una de sus grandes aficiones. Y, al poco tiempo, la comunidad del portal Ratebeer le otorga a la marca el reconocimiento de Best New Brewer in Spain 2015. La filosofía de Bidassoa es elaborar cervezas de calidad para aquellas personas con inquietud por probar nuevas cosas, además de conocer nuevos productos y nuevas historias. Las raíces son indudablemente estadounidenses y, en consecuencia, la inspiración viene, en muchas ocasiones, de esos lares. La Boise rinde homenaje a los emigrantes vascos, desde pastores a buscadores de oro, que se fueron para empezar una nueva vida en América. La cerveza es una American IPA clásica, pero con un toque personal, siendo muy aromática pero sin escatimar en la base de cereal. Maltosa y con notas de galleta, se complementa con sabores florales y cítricos, así como con notas de madera y el punto justo de amargor para buscar el siguiente trago con impaciencia.

GRANO
Malta Pale Ale, 3,32 kg (79 %)

Malta Victory (o Biscuit), 450 g (11 %)

Malta Vienna, 430 g (10 %)

MACERACIÓN
67,5 °C durante 80 minutos

75 °C durante 10 minutos

LÚPULOS
Herkules 17,7 % AA, 30 g, 75 minutos

Cascade 6,1 % AA, 18 g, 20 minutos

Centennial 9,1 % AA, 18 g, 20 minutos

Simcoe 11,4 % AA, 18 g, 20 minutos

Cascade 6,1 % AA, 24 g, 0 minutos

Centennial 9,1 % AA, 24 g, 0 minutos

Simcoe 11,4 % AA, 22 g, 0 minutos

Cascade 6,1 % AA, 30 g, dry hop

Centennial 9,1 % AA, 30 g, dry hop

Ahtanum 3,2 % AA, 40 g, dry hop

LEVADURA
White Labs WLP007 o Danstar Nottingham Ale

FERMENTACIÓN
19 °C

OTROS INGREDIENTES
Irish Moss, ½ comprimido o entre 4 y 5 g deshidratado. Cocción con el lúpulo (10 minutos)

INSTRUCCIONES ESPECIALES
Añadir al agua, aproximadamente, 100 mg/ml de cloruro de calcio y 250 mg/ml de sulfato de calcio

Cervesa Guineu

Valls de Torroella, Cataluña, España

WIPA
WHITE INDIA PALE ALE

—

22 L | ABV 6,8 %
OG 1,063 | FG 1,011

Las White IPA son un subestilo de las famosas cervezas que han liderado el movimiento cervecero artesanal, las IPA. La primera White IPA se atribuye comúnmente a una colaboración entre dos cerveceras americanas, Deschutes y Boulevard Brewing, en el año 2010. La aparición de este subestilo es consecuencia de la fusión entre una IPA y algún elemento distintivo típico de la cerveza de trigo: sea por la levadura, por las notas especiadas o, como en la WIPA, por la adición de trigo malteado. Se trata de cervezas más refrescantes y generalmente más ligeras que una American IPA, que ofrecen ciertos aromas de ésteres afrutados. Los lúpulos utilizados, eminentemente americanos, son seleccionados para aportar casi siempre un perfil cítrico y tropical. En algunos casos los ésteres y las especias pueden reducir la percepción de aroma del lúpulo. Guineu elabora cerveza artesana desde 2008 en Valls de Torroella (Barcelona), y sus recetas suelen caracterizarse por una marcada presencia de lúpulo. La Guineu WIPA es una muestra de ello, que interpreta este característico subestilo de las IPA con una levadura California Ale, y deja para el trigo malteado y el CaraWheat la aportación a la parte «blanca».

GRANO
Malta Pilsner, 7,34 kg (90,6 %)
Malta de trigo, 440 g (5,4 %)
CaraWheat, 180 g (2,2 %)
Copos de avena, 70 g (0,9 %)
Copos de maíz, 70 g (0,9 %)

MACERACIÓN
Mash in a 35 °C; luego subir a 66 °C durante 40 minutos; 72 °C durante 12 minutos; y 78 °C durante 2 minutos

LÚPULOS
Columbus 15,5 % AA, 4,4 g, 90 min
Summit 15,9 % AA, 4,3 g, 90 min
Citra 13,7 % AA, 7,4 g, 90 min
Summit 15,9 % AA, 3,4 g, 30 min

Citra 13,7 % AA, 4,0 g, 30 min
Columbus 15,5 % AA, 6,0 g, 15 min
Citra 13,7 % AA, 6,9 g, 15 min
Columbus 15,5 % AA, 5,6 g, 10 min
Summit 15,9 % AA, 5,5 g, 10 min
Columbus 15,5 % AA, 14,1 g, 5 min
Summit 15,9 % AA, 13,8 g, 5 min
Citra 13,7 % AA, 16,0 g, 5 min
Columbus 15,5 % AA, 14,1 g, hopback o whirlpool
Summit 15,9 % AA, 13,8 g, hopback o whirlpool
Citra 13,7 % AA, 16,0 g, hopback o whirlpool
Columbus, Summit y Citra a partes iguales, 110 g, dry hop

LEVADURA
White Labs WLP001 California Ale o MauriBrew Draught

FERMENTACIÓN
19 °C

OTROS INGREDIENTES
Irish Moss deshidratado, 6,5 g.
Cocción con el lúpulo (15 minutos)

INSTRUCCIONES ESPECIALES
Tras la fermentación primaria, y después de unos días de decantación en frío, trasvasa la cerveza de fermentador. Añade el dry-hopping. Para potenciar el aroma del lúpulo, Guineu recomienda incrementar la temperatura unos 14 °C

Cervesera Birrart

Sarrià de Ter, Cataluña, España

MOSKA DE GIRONA ROSSA
INTERNATIONAL PALE LAGER

---

22 L | ABV 4,7 %
OG 1,042 | FG 1,008

Fue en 2002 cuando Josep Borrell y Sílvia Ivars empezaron a plantearse el desarrollo de un proyecto para poner en marcha una pequeña cervecera. Sin precedentes aún en España, se informaron sobre el proceso que debían seguir, a la vez que empezaban a elaborar cerveza en la cocina de su casa, como todo homebrewer: primero con kits y luego todo grano. Después de encontrar un local adecuado, decidieron iniciar los trámites para fundar Birrart 2007, una de las microcerveceras pioneras del país, que elabora las cervezas Moska de Girona. No fue empresa fácil: con pocas referencias locales, quisieron conocer otras cerveceras en países foráneos. En 2008, finalmente, salió la primera elaboración hecha en su fábrica: una Lager rubia a la que llamarían Moska Rossa. A esta primera cerveza no tardarían en unirse una Brown Ale, la Moska Torrada, y una Irish Stout, la Moska Negra. En la actualidad, la capacidad de producción de Birrart es de 450 hectolitros al año, y se ha incorporado a la gama original de cervezas una cerveza especiada, una English IPA, una Sour Ale, una de manzana y una Smoked Ale, además de recetas especiales elaboradas para sus clientes.

GRANO
Malta Pilsner, 3,85 kg (97 %)

Cara Blond, 120 g (3 %)

MACERACIÓN
*52 °C durante 20 minutos;
65 °C durante 90 minutos*

LÚPULOS
Galena 13 % AA, 15 g, 90 minutos

Saaz 3 % AA, 50 g, 0 minutos

LEVADURA
Fermentis S-23

FERMENTACIÓN
12-13 °C durante 21 días

OTROS INGREDIENTES
Irish Moss, ½ comprimido o 5 g deshidratado. Cocción con el lúpulo (10 minutos)

INSTRUCCIONES ESPECIALES
Al finalizar la fermentación, procede a hacer el lagering. Para ello, baja la temperatura del fermentador primario a 2 °C y déjala reposar 72 horas para que sedimente. Luego trasvasa al fermentador secundario (alternativamente, en botella) y deja que la temperatura suba nuevamente a unos 18 °C o 20 °C, entre 24 y 48 horas para el descanso de diacetilo. Finalmente, haz la guarda a una temperatura de entre 2 °C y 5 °C durante un periodo largo de 80 a 90 días.

Dougall's

Liérganes, Cantabria, España

SESSION STOUT
SESSION STOUT

———

22 L | ABV **4,2 %**
OG **1,048** | FG **1,022**

Fue a finales del siglo pasado cuando el inglés Andrew Dougall empezó a elaborar cerveza en su propia casa. Este hecho marcó el inicio de un proyecto de elaboración de cerveza artesanal en un pequeño pueblo de montaña cántabro como es Liérganes, que en poco tiempo disfrutaría regularmente de elaboraciones de 400 litros de una cerveza llamada Leyenda: una Extra Special Bitter, un estilo tradicional de gran arraigo en Inglaterra. En 2008, Enrique Cacicedo se unió al proyecto de Andrew, y pronto aparecieron una Pale Ale y una Amber Ale, que hacían uso de una mayor cantidad de lúpulo e incorporaban ciertas variedades americanas. Populares y reconocidos ya en toda España, en 2012 Dougall's crece para contar con una maquinaria con capacidad para 2.500 litros por lote. Además, amplía su catálogo de cervezas, que llega a presentar hasta quince estilos diferentes de Ale y Lager. La Session Stout es una de las más nuevas, en la que destacan los aromas a café, su paso por boca sedoso y un final en el que se equilibran café y cacao de manera muy agradable. Esta receta nace de la voluntad de contar con una cerveza oscura, con cuerpo, pero a la vez con poca graduación para que tenga una mayor bebibilidad. De ahí que la maceración sea a altas temperaturas y la levadura de floculación media.

- -

GRANO
Malta Maris Otter, 4,5 kg (84,9 %)

Malta Crystal 150, 200 g (3,8 %)

Malta Chocolate, 200 g (3,8 %)

Cebada torrefacta, 200 g (3,8 %)

Malta negra, 100 g (1,9 %)

Copos de avena, 100 g (1,9 %)

MACERACIÓN
71 °C durante 60 minutos

LÚPULOS
Cascade 6 % AA, 50 g, 70 minutos

Cascade 6 % AA, 10 g, 10 minutos

Cascade 6 % AA, 40 g, 0 minutos

LEVADURA
Fermentis US-05

FERMENTACIÓN
19 °C

OTROS INGREDIENTES
Irish Moss, ½ comprimido o entre 5 g deshidratado. Cocción con el lúpulo (10 minutos)

Family Beer

Barcelona, Cataluña, España

LIKE A BEER GIN
AMERICAN PALE ALE

▬

20 L | ABV 5,8 %
OG 1,058 | FG 1,015

Family Beer abrió las puertas de su pequeña tienda en el corazón del barrio barcelonés de Gracia en 2012 con una misión clara: difundir la cerveza artesana desde sus entrañas y quitarle el miedo del cuerpo a quien quisiera empezar a elaborarla en su cocina, repitiendo una y otra vez su mantra de forma incansable: «Si eres capaz de hervir un huevo, también lo eres de hacer la cerveza de tus sueños y, además, ¡te divertirás!». Esta «familia cervecera» no es una microcervecera comercial, si bien elabora continuamente nuevas recetas en el Family Lab, un espacio contiguo a la tienda, con la finalidad de encontrar nuevas fórmulas que aporten conocimiento al homebrewer; pero, sobre todo, que le hagan exclamar bien alto un «¡Yijaaa, esto lo he hecho yo!». Like a Beer Gin es una APA refrescante y dorada, monovarietal de lúpulo Mt Hood, con un aroma suave y limpio, con toques de flores y especias. También es una propuesta que nació para jugar. La idea era reproducir en la cerveza el proceso de aromatización de la ginebra: bayas de enebro, para aportar un toque seco, y pieles de naranja dulce, para reforzar los aromas a lúpulo. Y es que hacer tu propia cerveza es un juego muy gratificante.

GRANO
Malta Pale Ale, 2,85 kg (50 %)

Malta Pilsner, 2,85 kg (50 %)

MACERACIÓN
65 °C durante 90 minutos, mashout a 78 °C

LÚPULOS
Mt Hood 5,5 % AA, 50 g, 60 minutos

Mt Hood 5,5 % AA, 50 g, 1 minuto

LEVADURA
White Labs WLP 001 California Ale o Fermentis US-05

FERMENTACIÓN
20-22 °C, luego acondiciónala entre 10 y 14 días entre 15 °C y 20 °C para una buena carbonatación

OTROS INGREDIENTES
Bayas de enebro, 20 g, hiérvelas durante 60 minutos

Bayas de enebro, 10 g, hiérvelas durante 5 minutos

Piel de naranja dulce, 60 g, hiérvela durante 5 minutos

Naparbier

Noain, Navarra, España

ZZ+
AMERICAN AMBER ALE

—

20 L | ABV 5,5 %
OG 1,054 | FG 1,014

Cuando uno viaja por Europa y se mueve en ambientes cerveceros, uno de los nombres sureños que suena con fuerza más habitualmente es el de la cervecera Naparbier. Fundada en Navarra el año 2009, como una salida laboral alternativa ante el escenario de paro y grave crisis económica de esos momentos en España, en poco tiempo cosechó un gran número de adeptos entre la creciente base de consumidores de cerveza artesana nacionales. Desde entonces, Naparbier ha elaborado una amplia gama de cervezas, de tendencia a la lupulización generosa y con un punto extremo. Destacan, además, aquellas cervezas que han elaborado en colaboración a una gran multitud de reconocidas cerveceras internacionales, y que reflejan el carácter inquieto de la marca navarra. En 2015 fue reconocida por el portal Ratebeer como mejor cervecera de España, y su Barleywine 2015 fue valorada como una de las cincuenta mejores cervezas del mundo. En cuanto a la ZZ+, se trata de una de las cervezas más antiguas de su catálogo, a la vez que una de las más celebradas. Es una American Amber Ale, de carácter claramente lupuloso, pero que juega bien el equilibrio con las maltas y proporciona una complejidad de sabores que deja a pocos indiferentes.

GRANO
Malta Maris Otter, 3,3 kg (77 %)

Malta Munich II, 500 g (11,5 %)

Caramunich III, 500 g (11,5 %)

MACERACIÓN
66 °C durante 60 minutos; 72 °C durante 15 minutos. Mashout a 78 °C

LÚPULOS
Chinook 13 % AA, 10 g, 90 minutos

Nelson Sauvin 12,5 % AA, 30 g, 10 minutos

Mosaic 12,6 % AA, 30 g, 5 minutos

Topaz 17 % AA, 30 g, 0 minutos

Chinook, 70 g, 0 minutos

LEVADURA
White Labs WLP001, Wyeast 1056 o Fermentis US-05

FERMENTACIÓN
21 °C

OTROS INGREDIENTES
Irish Moss, ½ comprimido o 5 g deshidratado. Cocción con el lúpulo (10 minutos)

Glosario

—

Tal como se presupone a una práctica que existe hace siglos, la elaboración de cerveza cuenta con un lenguaje propio que, en ocasiones, conserva una agradable cantinela medieval, gran parte del cual se toma prestado del alemán o del inglés antiguo, como «wort», o mosto, y «copper», un nombre tradicional para la caldera de ebullición.

ABV
Alcohol en volumen, del inglés «alcohol by volume». Medida estándar que indica la cantidad de alcohol contenido en un volumen dado de líquido, expresada en porcentaje.

ACONDICIONAR
Reposar la cerveza en la botella, barrica, cask o keg para dejar que se carbonate y desarrolle sus sabores.

ADJUNTOS
Grano sin maltear que se añade a la maceración; en algunas ocasiones, también se llama así a otro tipo de adiciones (especias y condimentos).

AIREAR
Oxigenar el mosto hervido para permitir que la levadura pueda desarrollarse.

ALFA ÁCIDOS (AA)
Ácidos presentes en los lúpulos que contribuyen al amargor general de la cerveza.

ATENUACIÓN
Conversión de azúcar en CO_2 y alcohol (por parte de la levadura)

DENSIDAD ESPECÍFICA
Densidad del líquido. En la elaboración de cerveza, se llama de esta manera a la concentración de azúcar en el líquido.

EBULLICIÓN
Proceso de infusionar el mosto con el amargor, el sabor y el aroma de los lúpulos. Se lleva a cabo en la caldera de ebullición, conocida como «copper».

EMBOTELLAR / ENVASAR
Trasvasar la cerveza a un recipiente adecuado para el consumo.

FERMENTACIÓN
Proceso por el cual la levadura convierte los azúcares fermentables en alcohol y CO_2.

FINING
Sustancia añadida durante el proceso de elaboración para clarificar la cerveza (Protofloc o Irish Moss).

FLAMEOUT
Literalmente, momento en que se apaga la fuente de calor de la ebullición: también se refiere al momento en que los lúpulos se añaden al mosto para impartir el máximo aroma. Véase también «Whirlpool».

FLOCULACIÓN
Acto de agruparse o amontonarse; en el caso de la elaboración de cerveza, se refiere a los restos sólidos de levadura en el fermentador.

GRIST
Grano molturado para la maceración.

INOCULAR
Añadir levadura al mosto.

IBU (International Bitterness Units)
Véase la p. 205.

KRAUSEN

Espuma de proteínas y levadura que se forma en el mosto durante la fermentación primaria. Tiene mal aspecto, pero de hecho es la señal de que todo funciona como debe.

LAUTERING

Proceso de sacar del grano todos sus azúcares fermentables y llevar el mosto a su volumen precocción. Comprende dos etapas: recirculación (o vorlauf), utilizando el agua que se encuentra en el tanque, y lavado, aspersión de agua fresca sobre la cama de grano.

LICOR

Agua utilizada directamente para la elaboración. El volumen total necesario se divide entre el agua de maceración y el agua de lavado.

LÚPULOS DE AMARGOR

Lúpulos añadidos al inicio de la ebullición. Después de una hora de hervido, aportan los sabores amargos deseados.

LÚPULOS DE AROMA

Lúpulos añadidos más o menos después de la primera media hora de ebullición. Son generalmente bajos en alfa ácidos y aportan aroma.

MACERACIÓN

Proceso de remojado del grano y los adjuntos en agua caliente en el tanque de maceración para extraer los azúcares. Se puede hacer a una sola temperatura (infusión simple) o en etapas de temperatura variable (infusión escalonada). El mashout es el proceso de elevación de la temperatura de golpe al final de la infusión, a fin de detener la acción de las enzimas.

MASH HOPS

Lúpulos añadidos al macerado para conseguir amargor. Es una práctica poco común.

MOSTO

Líquido dulce que se obtiene del tanque después de la maceración y contiene azúcares fermentables.

PRIMING

Añadir azúcar (o extracto de malta o, en su caso, levadura) al mosto antes de embotellar la cerveza, para permitir la creación de carbonatación en la botella.

RACKING (TRASVASE)

Proceso de trasvasar el mosto de un recipiente a otro, típicamente del fermentador primario al secundario, o de un fermentador a un recipiente para el priming.

TRUB

Sedimento no deseado en la caldera de ebullición y el fermentador, que consiste básicamente en residuos de lúpulo, proteínas o células muertas de levadura.

WHIRLPOOL

Proceso en el cual los cerveceros hacen girar el mosto después de la cocción a alta velocidad para formar un montículo de sólidos no deseados en el medio. Los whirlpool hops se añaden a veces en esta fase.

Índice

—

A

ABV 52
acondicionamiento 48
agua 28
airear (mosto) 42
alfa ácidos (en lúpulos) 53
American Amber Ale
   Naparbier ZZ+ 195
American Brown Ale
   Rogue Hazelnut Brown Nectar 174
   Weird Beard Boring Brown Beer 166
American IPA
   Bidassoa Basque Brewery Boise 185
   Evil Twin Bikini Beer 98
   Firestone Walker Union Jack 144
American Pale Ale
   + Malta American Zhykuta 182
   Family Beer Like A Beer Gin 193
   Oskar Blues Dale's Pale Ale 124
   Russian River Ron Mexico 116
aspersión 39
avellana 174

B

Barleywine
   Nøgne Ø #100 162
Berliner Weisse
   Freigeist Köpenickiade 72
Bière Blanche véase Wheat Beer
Bitter
   Marble Manchester Bitter 172
brezo 170

C

California Common véase Steam Beer
chile 146
cilantro 57, 64, 67, 74
Coffee Beer
   Dark Star Espresso 140
Cream Ale
   Mikkeller Cream Ale 110

D

diente de león 170
diseño, latas y botellas
   Beavertown 142
   Brooklyn 58
   Gigantic 100
   Mikkeller 108

Omnipollo 130
Double IPA véase Imperial IPA
dry-hopping 47

E

ebullición (mosto) 40
embotellar 48
enfriado (mosto) 42
Export India Porter
   The Kernel Export India Porter 156

F

Farmhouse Ale
   Stillwater Artisanal Of Love & Regret 170
fermentación 47
Flanders Red
   Crooked Stave Origins 76
frambuesas 67

G

genciana 74
Grano
   Cara Blond 188
   Cara Gold 68, 182
   CaraAmber 165
   Caraaroma 123
   Carafa Special 77, 154
   Carafoam 98
   Carahell 77, 123
   Caramalt 63, 85, 120, 140, 145, 149, 173
   Caramunich 77, 158, 195
   Carapils 73, 82, 111, 113, 114, 116, 129, 134, 151, 168
   CaraRye 82
   CaraWheat 186
   Cebada tostada 146, 149, 152, 158, 191
   Copos de avena 98, 191
   Copos de cebada 107, 182
   Copos de centeno 182
   Copos de maíz 111, 186
   Copos de trigo 63, 67
   Malta Abbey 182
   Malta ácida 63, 107, 116, 146, 168
   Malta ahumada 145, 146, 158, 165
   Malta Amber 89, 149, 165
   Malta aromática belga 170
   Malta Biscuit 82, 165, 182, 185
   Malta Brown 145, 146, 157, 158, 174
   Malta Chocolate 145, 146, 149, 151, 152, 157, 158, 162, 176

Malta Chocolate Rye 152, 191
Malta Crystal 64, 81, 85, 89, 90, 93, 95, 98, 114,
    116, 125, 129, 145, 146, 149, 151, 152, 157, 165,
    173, 174, 176, 186
Malta de 2 carreras 70, 77, 81, 82, 114, 116, 125,
    152
Malta de avena 123
Malta de centeno 82, 85, 93, 154
Malta de espelta 68, 73
Malta de trigo 63, 64, 67, 68, 70, 85, 89, 95, 123,
    126, 137, 151, 162, 165, 170, 176, 186
Malta German Weizen 74
Malta Kiln Coffee Franco-Belges 174
Malta Light Lager 64
Malta Maris Otter 67, 104, 122, 157, 162, 173, 191,
    195
Malta Munich 89, 95, 98, 103, 107, 111, 113, 114,
    125, 126, 129, 137, 145, 149, 174, 195
Malta negra 145, 157, 191
Malta Pale Ale 85, 90, 103, 104, 116, 120, 126, 129,
    140, 149, 165, 182, 185, 193
Malta Pilsner 57, 60, 63, 67, 68, 73, 74, 93, 98, 111,
    113, 132, 134, 137, 146, 158, 168, 170, 186,
    188, 193
Malta Special B 7, 154, 167, 182
Malta Victory 82, 185
Malta Vienna 77, 111, 134, 152, 165, 170, 185
Melanoidin 129
Trigo 57, 64, 67, 74, 132, 140
Trigo torrefacto 70, 90

H

Helles
    Camden Town India Hells Lager 113
hop stand 41

I

IBU 53
Imperial IPA
    Gigantic Ginormous 103
Imperial Porter
    Põhjala Odensholm 154
Imperial Stout
    Brouwerij De Molen Spanning & Sensatie 146
inocular (levadura) 44
International Pale Lager
    Cervesera Birrart Moska de Girona Rossa 188
IPA
    Omnipollo 4:21 132
    Yeastie Boys Digital IPA 134
    Firestone Walker Union Jack 114

Irish Red Ale
    Brú Rua 90

K

Kellerbier
    Young Henrys Natural Lager 137

L

Lactobacillus brevis 57, 68, 73, 77
lactosa 132
lautering 38
lavanda 170
levadura 32, 44, 53
lúpulo (variedades)
    Ahtanum 63, 185
    Amarillo 70, 74, 111, 114, 176, 182
    Bravo 151
    Cascade 70, 82, 89, 90, 95, 98, 103, 114, 120, 123,
        125, 149, 151, 158, 176, 185, 191
    Celeia 68
    Centennial 70, 89, 93, 114, 125, 126, 158, 162, 185
    Challenger 111, 140
    Chinook 70, 82, 93, 113, 120, 145, 154, 162, 167, 195
    Citra 67, 89, 93, 98, 103, 107, 128, 182, 186
    Crystal 103
    Columbus 70, 82, 85, 111, 123, 125, 146, 162, 186
    CTZ 154
    Falconer's Flight 98
    First Gold 176
    Fuggles 107, 149
    Galaxy 89, 95
    Galena 188
    Goldings 68, 149, 168, 173, 176
    Green Bullet 64
    HBC-438 116
    Helga 137
    Herkules 168, 185
    Horizon 70
    Magnum 57, 67, 90, 103, 104, 113, 114, 123, 128,
        129, 145, 154, 170
    Marynka 168
    Mittelfrüh 74
    Mosaic 82, 103, 107, 113, 132, 195
    Motueka 63, 64, 85, 134, 173
    Mt Hood 193
    Nelson Sauvin 63, 104, 120, 134, 195
    Northern Brewer, EE.UU. 81
    Nugget 70, 149, 152
    Pacific Jade 134, 165
    Palisade 123

Perle 74, 174
Pride of Ringwood 95
Saaz 68, 148, 188
Santiam 70
Saphir 73
Savinski Goldings 176
Simcoe 70, 82, 93, 98, 103, 113, 114, 120, 126, 158, 182, 185
Sorachi Ace 60, 68
Southern Cross 134, 165
Sterling 170, 174
Styrian Goldings 170
Summer 129, 137
Summit 186
Sylva 137
Tettnang 151
Topaz 195
Vic Secret 129
Waimea 173
Whitbread Golding Variety 168
Willamette 70
lúpulos 30, 53

M

maceración 37, 53
malta 29
manzanilla 170
Munich Pale Ale
   Celt Experience Silures 126

O

Oatmeal Pale Ale
   Siren Undercurrent 123
Oatmeal Stout
   Ninkasi Oatis 152

P

Pale Ale
   Mountain Goat Hightail Ale 95
   Thornbridge Kipling 104
   Trouble Brewing Hidden Agenda 129
pícea 126
piel de limón 64
piel de naranja 57, 74, 176
Porter
   Deschutes Black Butte Porter 151
   Odell Cutthroat Porter 149
   To Øl Black Ball 158
priming 48

R

Red Ale
   Two Birds Sunset Ale 89
rendimiento 53
Rye Beer
   Brewfist Caterpillar 85
   Lervig Rye IPA 93
   Põhjala Odensholm 154
   Saint Arnold Blue Icon 82

S

Saison
   8 Wired Saison Sauvin 63
   Brew By Numbers 01|01 Citra Saison 67
   Brooklyn Sorachi Ace 60
   Burning Sky Saison à la Provision 68
sal marina 146
Scotch Ale
   Renaissance Stonecutter 165
Scottish Ale
   Williams Bros 80/- 176
Session Stout DouGall's 191
Smoked Porter
   Beavertown Smog Rocket 145
Sour
   Bruery Terreux Beret 57
   Crooked Stave Origins 77
   Freigeist Köpenickiade 73
Steam Beer
   Anchor Steam Beer 81

T

Tripel
   Birrificio del Ducato Winterlude 168
Triple IPA
   Boneyard Notorious 107

V

vainilla 132
virutas de cacao 146

W

West Coast IPA véase American IPA
Wheat Beer
   Baladin Open White 74
   Lagunitas Little Sumpin' Sumpin' 70
   Three Boys Wheat 64
White IPA
   Cervesa Guineu WIPA 186

Cálculo de los IBU

La tendencia actual de las cervezas con alto protagonismo del lúpulo ha propiciado que, incluso los recién aficionados a la cerveza, sin tener conocimientos de elaboración, hayan oído hablar de ellos. Los IBU (del inglés «International Bittering Units») son una métrica de referencia de aceptación transversal para el amargor característico de la cerveza, que principalmente viene dado por los lúpulos.

En el proceso de elaboración se pueden estimar los IBU a partir de diversos métodos. A continuación se muestra el método propuesto por Ray Daniels:

$$IBU = \frac{peso\ del\ lúpulo \times alfa\ ácidos \times utilización \times 1000}{volumen\ de\ cerveza \times factor\ corrector}$$

donde:

Peso del lúpulo: calculado en gramos.
Alfa ácidos: en porcentaje, según especificación del proveedor y variedad de lúpulo.
Utilización: en porcentaje, los iso-alfa ácidos presentes en el mosto, extraídos en función de los minutos de ebullición de acuerdo a la representación gráfica siguiente:

Ebullición	0-10 min	10-20 min	20-30 min	30-45 min	45-60 min	60-75 min	> 75 min
Utilización	5%	12%	15%	19%	22%	24%	27%

Si utilizas el lúpulo en formato pellet, multiplica el valor de utilización por 1,25.

Volumen de cerveza: volumen del mosto final en litros, antes de inocular la levadura.
Factor corrector: igual a 1, excepto para densidades específicas superiores a 1,050, para las cuales:

$$Factor\ corrector = \frac{1 + (densidad\ específica/1000) - 1,050}{0,20}$$

La estimación de los IBU totales de una cerveza se obtiene sumando el resultado de la fórmula anterior para cada carga de lúpulo aplicada. Pero si lo que quieres es saber qué cantidad de lúpulo añadir a tu cerveza para conseguir una cifra objetivo de IBU, basta con aislar el peso del lúpulo en la fórmula, de manera que:

$$Peso\ del\ lúpulo = \frac{IBU \times alfa\ ácidos \times utilización \times 1000}{volumen\ de\ cerveza \times factor\ corrector}$$

Recuerda que en internet puedes encontrar un sinfín de calculadoras y aplicaciones para ayudarte en el proceso de cálculo, utilizando otras estimaciones más modernas como la de Glenn-Tinseth, que actualmente es una de las más utilizadas entre los cerveceros caseros.

Agradecimientos

—

En primer lugar, un enorme agradecimiento para mi brillante editora Zena, que ha hecho este libro cien veces mejor en todos los sentidos. Gracias a Ashleigh por sus increíbles ilustraciones y por el diseño del libro, y a Charlie por sus grandes fotografías. Además, la experiencia técnica de Talfryn Provis-Evans fue indispensable.

Gracias a todas las cerveceras que he engatusado, animado y perseguido para que compartieran sus recetas conmigo. Todas ellas son inigualables, pero merecen una distinción y una mención especiales James de Brewdog; Evin de The Kernel; Logan, Jenn y Nick de Beavertown; Vinnie de Russian River; John de la Brouwerij De Molen; Henok de Omnipollo; Brian de Stillwater Artisanal; Jayne y Danielle de Two Birds; Tony de Boneyard; Chris Pilkington de Põhjala; Chad de Crooked Stave; Scott Williams de Williams Bros; Doug Odell, Stu de Yeastie Boys y todo el NZ Craft Beer Collective, Fabio de Baladin, Andrew Bell y Benjamin Weiss de Bruery Terreux, y Ben Love de Gigantic.

Gracias a todos los que me habéis ayudado a reunir esta increíble colección de cervezas de todo el mundo para poder hacer fotos: Splandos, Rob, Tina, Benjamin, Ben, Fabio, Chris, y Jules de Hop Hideout. Y por dejarme que invada vuestros locales para convertirlos en un estudio fotográfico: a todos los de King Arms, Bethnal Green, The Three Johns, Islington y Ubrew, Bermondsey.

Muchas gracias a Will y Tom de Clapton Craft, ¡la mejor tienda de cerveza artesana del mundo!

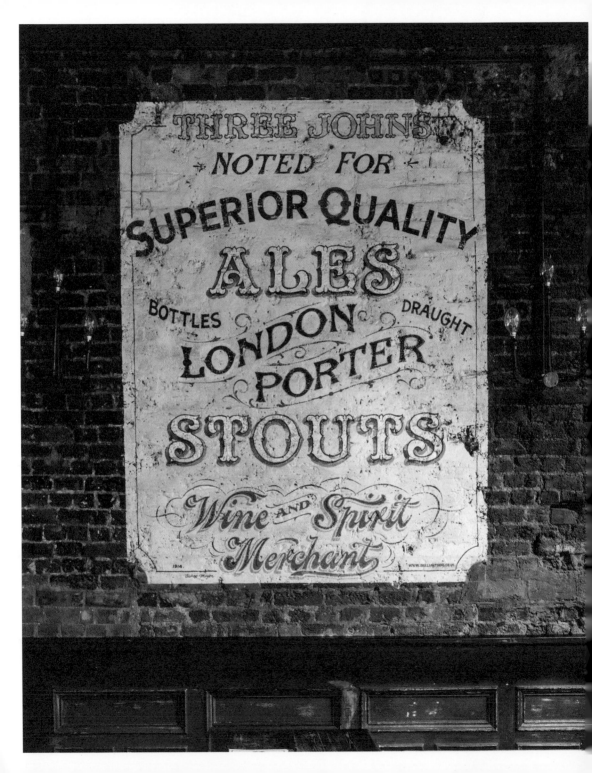